AF570027

politisch bilden

Hustedter Beiträge zur politischen Bildung

50 Jahre „Soziologische Phantasie und Exemplarisches Lernen“

Dokumentation der Fachtagung vom 24. bis 26. Januar 2013

Bildungszentrum HVHS Hustedt
in Kooperation mit der Hans Böckler-Stiftung
und der Helmut-Schmidt-Universität Hamburg

© 2014 Bildungszentrum HVHS Hustedt

Herstellung und Verlag: BoD – Books on Demand, Norderstedt
Umschlaggestaltung: Karsten Meier, Braunschweig
Satz und Layout: visualisierung & konzepte, Braunschweig

Bibliografische Information der Deutschen Nationalbibliothek
Die Deutsche Nationalbibliothek verzeichnet diese Publikation in der Deutschen Nationalbibliografie; detaillierte bibliografische Daten sind im Internet über www.dnb.de abrufbar.

Printedt in Germany
ISBN 978-3-735-75852-1

Inhalt

Vorwort

„Exemplarisches Lernen und soziologische Phantasie“ haben seit den späten 60er Jahren des letzten Jahrhunderts die außerschulische politische Bildung in besonderer Weise herausgefordert, beeinflusst und geprägt.

Die Wirkungsgeschichte dieser von Oskar Negt formulierten theoretischen Grundlinien ist von hoher Zustimmung und fundamentaler Ablehnung bestimmt gewesen – von didaktischen Missverständnissen und produktiven Inanspruchnahmen. Sie hat vor allem aber bis heute mehreren Generationen von politischen Pädagoginnen und Pädagogen insbesondere in der Arbeiterbildung einen praxisrelevanten emanzipativen Theorieansatz zur Verfügung gestellt.

Erste Überlegungen dazu trug Oskar Negt 1966 in der Heimvolkshochschule Lambrecht/Pfalz vor. Bald 50 Jahre später wurden mit der Tagung „Emanzipative politische Bildung – Entwicklungen, Widerstände, Wirkungen und Perspektiven“ in der Heimvolkshochschule Hustedt (24. bis 26. Januar 2013) eine kritische Zwischenbilanz gezogen.

Das Bildungszentrum Heimvolkshochschule Hustedt macht seit 1948 politische Bildung. Im Mittelpunkt stehen die arbeitnehmerorientierte Bildung, die Kooperation mit gewerkschaftlichen Bildungspartnern und der gesellschaftspolitische Diskurs für soziale Demokratie, gesellschaftliche Teilhabe und Mitbestimmung. Hier ist Oskar Negt langjähriger Gesprächspartner und Impulsgeber. Insofern galt die Tagung auch seinem Lebenswerk und der Rezeptions- und Wirkungsgeschichte dieser kritischen politischen Bildung.

Die Tagung wurde in Kooperation mit der Hans-Böckler-Stiftung und der Helmut-Schmidt-Universität Hamburg durchgeführt. Ganz besonderer Dank gilt Christine Zeuner und Adolf Brock, ohne die diese Tagung nicht möglich gewesen wäre.

Der vorliegende Band der Hustedter Schriftenreihe zur politischen Bildung dokumentiert nun die Beiträge dieser Tagung. Sie machen deutlich, dass der Diskurs weitgehend in wissenschaftlicher oder akademischer Sprache geführt wurde. Für ein arbeitnehmerorientiertes Bildungszentrum ist das nicht unproblematisch. Die Sprache unserer Kolleginnen und Kollegen ist anders. Alltags- und Wissenschaftssprache haben freilich eine je eigene Aufgabe. Diese Dokumentation gibt die Beiträge in der Sprache der Autorinnen und Autoren wieder.

Vorangestellt ist eine Erinnerung von *Adolf Brock* an die Entstehungsgeschichte und an erste Meilensteine der Theorie-Praxisentwicklung des „Exemplarischen Lernens und soziologischer Phantasie". Über den Horizont der damaligen Diskussion ging dann die Erarbeitung des Konzeptes kritischer Kompetenzentwicklung hinaus und stellte die Überlegungen der 60er Jahre auf eine neue Stufe. „50 Jahre exemplarisches Lernen und soziologische Phantasie" heißt auch 25 Jahre kritische gesellschaftliche Kompetenzentwicklung. In dieser Traditionslinie sehen wir heute die aktuelle Diskussion um die Ansätze einer kritischen politischen Bildung und ihrer notwendigen Weiterentwicklung.

Christine Zeuner würdigt die Aktualität und Zukunft des Ansatzes von Oskar Negt, gerade auch mit jener Differenzierung und Erweiterung der Konzeption, die ab Mitte der 80er Jahre neuere gesellschaftliche Entwicklungen berücksichtigte und als Antwort auf den ökonomisch begründeten Diskurs um die Begriffe „Schlüsselqualifikationen" und „Kompetenzen" diskutiert wurden.

Zeuner entfaltet die Konzeption kritischer gesellschaftlicher Kompetenzen, ihre theoretischen Grundlagen und Inhalte ebenso wie die beispielhafte curriculare Umsetzung im Rahmen eines europäischen Grundtvig-Projektes. In der Tradition Oskar Negts formuliert Zeuner damit einen Ansatz für die kritische politische Erwachsenenbildung, die sich von neoliberalen Positionen absetzt, indem Kompetenzen eben nicht auf bloße Qualifikationen reduziert werden. Gesellschaftliche Kompetenzen, so Zeuner, in denen Ökonomie, Ökologie, Geschichts- und Zukunftsverständnis, Identität, Gerechtigkeit und Technologie zentrale Stellung erhalten, haben das Potential zur Veränderung des politischen Bewusstseins, zu einem neuen Umgang mit Wissen und zu „transformativer Kritik".

Die eigenen Erfahrungen in einen gesellschaftlichen Zusammenhang zu bringen und die Gesellschaft und damit die eigenen Lebens- und Arbeitsbedingungen als veränderbar zu begreifen, ist freilich nicht selbstverständlich.

Der Anspruch einer kritischen Selbstaufklärung und emanzipatorischen Entfaltung der Gesellschaft – so *Bettina Lösch* in diesem Band – sind in der politischen Bildung weitgehend auf der Strecke geblieben. Dem setzt Lösch den Entwurf einer kritischen politischen Bildung entgegen, die auch die Herrschafts- und Machtverhältnisse wie Rassismus, Geschlechter- und Klassenverhältnisse analysiert und auf Demokratisierung und Emanzipation zielt. Die kritische Analyse und Beurteilung des gesellschaftspolitischen Kontextes spielt dabei eine besondere Rolle. Denn wie ist es, so fragt Lösch, derzeit um das Politische, um Sozialstaat und Demokratie bestellt?

> „*Wir erleben derzeit die Aufkündigung des Wohlfahrtskompromisses, die Entmachtung der Parlamente, die Privatisierung und Informalisierung der Politik, die zunehmende Polarisierung von Arm und Reich, die langfristige Senkung der Reallöhne und Deregulierung von Arbeitsverhältnissen, die zunehmende Verschuldung öffentlicher Haushalte bei gleichzeitiger Steuersenkung von Vermögenden und steuerlicher Belastung der unteren Einkommensgruppen. Mit diesen gesellschaftlichen Verhältnissen hat sich politische Bildung inhaltlich auf der erkenntnistheoretischen Höhe kritischer Theorie auseinanderzusetzen, wenn sie denn an den Strukturen und Mechanismen sozialer Ungleichheit und Herrschaft interessiert ist und an deren Abbau und Kontrolle mitwirken will. Kritische politische Bildung zielt auf demokratische und soziale Partizipation*“ (Lösch).

Doch warum hinterfragen kritische Wissenschaft und kritische Bildung so selten selbstkritisch ihren eigenen Wahrheitsanspruch? *Daniela Holzer* setzt sich im Anschluss an Oskar Negt mit dem Verhältnis von kritischer Wissenschaft und kritischer Bildung auseinander. Sie warnt vor den Illusionen, Bildung sei kritisch, Wissenschaft sei objektiv und wissenschaftliches Wissen sei Grundlage des Handelns. Sie skizziert den Gegenentwurf, kritische Bildung und kritische Wissenschaft nicht als voneinander getrennte Bereiche wahrzunehmen, an soziale und politische Praxis zu binden, und sich fragend zu vermitteln, um Urteilskraft zu entwickeln.

Hier schließt *Katja Petersen* mit dem Beitrag „Kompetent und gebildet?“ an. Es geht um die Aktualität und Wirksamkeit gesellschaftlicher Kompetenzen und die Hauptaufgabe kritischer Erwachsenenbildung, Urteilsfähigkeit zu ermöglichen. Ein wichtiger Hinweis für die alltägliche

Bildungsarbeit vor Ort: Bildung und ihre Aneignung benötigen Zeit und Raum, ebenso wie Phantasie und ein Denken, das sich allen unmittelbaren Nutzungsanwendungen entzieht.

Die „emanzipative Nutzung des Computers", wie sie *Guido Brombach* vorträgt, versucht, das Potential digitaler Medien im Bereich der Politischen Bildung auszuloten. Er beschreibt die Praxis im DGB-Bildungszentrum Hattingen, mit aktivierenden Computerkursen und neuen Lernräumen einen „politisch-emanzipativer Produktionsprozess" (Negt) zu ermöglichen. Die Ausführungen skizzieren sowohl das Potential, wie auch den Bedarf an weiterer Bildungspraxis um digitale Technik und exemplarisches Lernen miteinander zu verbinden. Ohne menschlichen Kontakt, ohne exemplarisches Lernen und soziologische Phantasien erscheint eine Horizonterweiterung auch durch digitale Medien kaum vorstellbar. Hier ist Wirkungsforschung, die Erforschung der politischen Bildung, erst am Anfang.

Paradoxien und Widersprüche und die nach *Elke Gruber* überschätzte Rolle von Kritik und freier Meinungsäußerung im breiten Feld der praktischen Erwachsenenbildung nimmt sie zum Ausgangspunkt eines eigenen Entwurfs politischer Bildung. Elke Gruber bestimmt das Verhältnis von Kritik und Erwachsenenbildung im Rückgriff auf Michel Foucault. Kritik im foucault`schen Sinne richte sich nicht vorrangig auf Systemstabilisierung und Praktikabilität, sie habe auch nicht die Beruhigung und Befriedung im Sinn, im Gegenteil: Kritik ziele auf Reflexionsfähigkeit und aktive Auseinandersetzung, sie habe etwas mit Wachheit, Teilhabe und Autonomie zu tun. Hier knüpft, so Gruber, die politisch-demokratische und gesellschaftliche Funktion der Erwachsenenbildung an und muss als bewusst geplanter, angeleiteter und institutionalisierte Lernform weiterentwickelt werden. Beispielhaft ist in diesem Zusammenhang die „Oskar-Negt-Akademie" im Bildungshaus des Landes Steiermark Schloss Retzhof. Hier wird das Konzept der „Gesellschaftlichen Kompetenzen" nach Oskar Negt seit 2010 in einen modular aufgebauten Lehrgang „Politische Partizipation durch gesellschaftliche Kompetenzen und exemplarisches Lernen" erfolgreich eingebracht.

Oskar Negt schließlich formuliert mit seinem Vortrag „Utopie und Lernen" kritische Beobachtungen und Zeitzeichen, philosophische Grundlagen und historische Lernprozesse, gesellschaftliche Analysen und neue Horizonte der Bildung. Er verdichtet ein humanes Gesellschafts- und Menschenbild für einen autonomen, innengeleiteten und urteilsfähigen Menschen, der sich aus der selbstverschuldeten Unmündigkeit befreit und sich ohne Anleitung endlich seines Verstandes bedient. Und Oskar Negt ermutigt immer wieder neu zu einer aufklärenden und aufgeklärten Bildungsarbeit.

Wir danken allen Autorinnen und Autoren sowie den teilnehmenden Kolleginnen und Kollegen.

Dietrich Burggraf
Harald Kolbe

Einleitung

50 Jahre „Soziologische Phantasie und exemplarisches Lernen“, 25 Jahre „Gesellschaftliche Kompetenzen“: Das erste ist ein Theorie-Praxis-Konzepte für die Arbeiterbildung, die gewerkschaftliche und politische Bildung und die Jugendbildung, das in den 1960er Jahren aus Diskussionsprozessen zwischen dem Soziologen Oskar Negt und einer Gruppe von Wissenschaftlern, kritischen Gewerkschaftern, Betriebsräten und Praktikern der Arbeiterbildung und der politischen Bildung hervorgegangen sind. Die „Gesellschaftlichen Kompetenzen“ wurden von Oskar Negt als Weiterentwicklung verstanden und von 2002 bis 2005 in einem EU-Projekt systematisiert, erprobt und Studienhefte veröffentlicht (vgl. Zeuner u.a. 2005).

Den ersten Entwurf zu „Soziologische Phantasie und Exemplarisches Lernen“ legte Oskar Negt 1964/65 vor. Unter dem erweiterten Titel „Soziologische Phantasie – exemplarisches Lernen, Vorschläge zur Reorganisation der gewerkschaftlichen Bildungsarbeit“ wurde das Konzept im September 1966 bei einer Tagung von Praktikern und Theoretikern der politischen und gewerkschaftlichen Bildungsarbeit diskutiert. Nach einer weiteren Überarbeitung durch Oskar Negt erschien die Konzeption 1968 bei der europäischen Verlagsanstalt in der Reihe „Theorie und Praxis der Gewerkschaften“ mit dem neuen Untertitel „Zur Theorie der Arbeiterbildung“ (Negt 1968).

Die Genese der Konzeptionen ist zu verstehen vor dem Hintergrund der jeweils geltenden politischen, gesellschaftlichen und ökonomischen Bedingungen, mit denen sich die Beteiligten konfrontiert sahen, die sie in ihren Entwicklungen und möglichen Auswirkungen auf die Arbeitswelt und die Arbeitsbedingungen kritisch einschätzten und denen sie etwas entgegen setzen wollten. Ausgangserfahrung aller an der Gruppe Beteiligten war der Krieg, die Nachkriegszeit und die Entwicklung nach dem Zweiten Weltkrieg in Deutschland und Europa.

In der Bundesrepublik Deutschland wurde nach dem Zweiten Weltkrieg mithilfe der westlichen Besatzungsmächte 1949 eine parlamentarische Demokratie etabliert, gepaart mit einem als „soziale Marktwirtschaft“ deklarierten Wirtschaftssystem. Die Strukturen des demokratischen Systems festigten sich relativ schnell, die politische Beteiligung des größten

Teils der Bevölkerung beschränkte sich jedoch im Wesentlichen auf die Teilnahme an Wahlen.

Das Wirtschaftssystem wurde ab 1952 mit der Verabschiedung des Betriebsverfassungsgesetzes demokratisiert. Es schrieb die Einrichtung von Betriebsräten in mittleren und großen Unternehmen vor und räumte gleichzeitig den Gewerkschaften im Rahmen der Sozialpartnerschaft über die Mitbestimmung weitgehende Beteiligungsrechte ein. Wichtige politische Entwicklungen in den 1950er Jahren waren die Integration der Bundesrepublik in Westeuropa durch die Beteiligung an der Montanunion (1951), später der Europäischen Wirtschaftsgemeinschaft (1957). Die Wiederbewaffnung und die Gründung der Bundeswehr (1956) festigten die Anbindung an Westeuropa ebenso wie der Beitritt der Bundesrepublik zur NATO (1955).

Der Ost-West-Konflikt beförderte die Entwicklung der Bundesrepublik und besonders den wirtschaftlichen Wiederaufbau. Den Alliierten ging es um die Festigung der politischen und sozialen Verhältnisse in der Bundesrepublik durch eine florierende Wirtschaft. Dies wurde aber auch durchaus kritisch gesehen und es formierten in Gewerkschaften, Kirchen und Parteien Gruppen, die Kritik an den Verhältnissen und der Politik der Bundesregierung äußerten.

Ende der 1950er Jahren zeichneten sich Veränderungen ab: Der Wandel von der Industrie- zur Dienstleistungsgesellschaft führten zu strukturellen Veränderungen des Arbeitsmarktes, in dessen Folge dem allgemeinen und beruflichen Bildungsniveau der Bevölkerung größere Bedeutung beigemessen wurde. Das politische System konnte trotz demokratischer Grundausrichtung die wirtschaftliche Ungleichheit nicht aufheben. In dieser Situation setzten sich kritische Gewerkschafter, Wissenschaftler und Bildungspraktiker mit der Frage einer emanzipativen Arbeiterbildung auseinander mit dem Ziel, die Arbeiterschaft in Betrieb und Alltag bei der Entwicklung ihrer politischer Handlungsfähigkeit zu unterstützen.

Dabei war ihnen bewusst, dass Arbeiterbildung allein die Gesellschaft nicht verändern würde, sondern dass notwendige Strukturveränderungen von Politik und Wirtschaft unterstützt werden müssten. Resultat war u. a. das von dem Soziologen Oskar Negt und anderen diskutierte und später veröffentlichte Konzept „Soziologische Phantasie und exemplarisches

Lernen", dem weitere Bände für die praktische Bildungsarbeit zu Seite gestellt wurden (Brock u. a. 1969, 1975; vgl. auch Brock in diesem Band). Die Konzeption wurde einige Jahre in den großen Industriegewerkschaften im Rahmen der betriebsnahen Bildungsarbeit eingesetzt. Die Entwicklung von Kritikfähigkeit, bezogen auch auf die eigene Organisation, veranlasste die Gewerkschaften Mitte der 1970er Jahre jedoch, diese Form der Bildungsarbeit einzustellen.

Anlässlich einer Veranstaltung zu „20 Jahre ‚Soziologische Phantasie und exemplarisches Lernen'" in Linz 1986 stellte Oskar Negt erstmals einer größeren Öffentlichkeit seine Konzeption der gesellschaftlichen Kompetenzen vor. Sie sind gedacht als inhaltliche Konkretisierung der ersten Konzeption. Ausgangspunkt ist Negts Frage,

> *„Was muß ein Arbeiter, aber nicht nur ein Arbeiter, sondern was muß ein Mensch heute wissen, damit er sich in dieser Welt zurechtfinden kann, daß seine Abhängigkeiten nicht vergrößert werden, sondern daß seine Autonomie vergrößert wird?"* (Negt 1986, S. 35).

Negt argumentiert im Kontext der Entwicklungen der 1970er und 1980er Jahre. Kennzeichnend war einerseits eine Demokratisierung der Gesellschaft in den 1970er Jahren als Folge der Politisierung der Öffentlichkeit durch die Studentenbewegung. Andererseits zog der endgültig erfolgte Wandel zur Dienstleistungsgesellschaft einen tiefgreifenden strukturellen Umbau des Wirtschaftssystems nach sich, der auch zum Ab- und Umbau von Arbeitsplätzen führte und damit wiederum zu veränderten Qualifikationsanforderungen. Die verschiedenen politischen, sozialen und wirtschaftlichen Trends führten zu Unübersichtlichkeit, Unsicherheit, teilweise Orientierungslosigkeit.

Stellvertretend für diese diffusen und teilweise als krisenhaft empfundenen Entwicklungen, durch die alte Gewissheiten – beispielsweise die Vorstellung der Verbesserung der wirtschaftlichen Situation und sozialen Stellung der nachfolgenden Generationen – aufgehoben wurden, stand die Veröffentlichung des Soziologen Ulrich Beck aus dem Jahr 1986 zur „Risikogesellschaft". Sie läutete eine Trendwende im Nachdenken über Gesellschaft ein, in den Mittelpunkt rückten Überlegungen zur beschleunigten Moderne bzw. Postmoderne, die einerseits die Vorteile einer zunehmenden Individualisierung der Gesellschaft hervorhob. Positiv vermerkt wurden größere Freiheiten bezogen auf die individuelle Gestaltung des Lebenslaufs und die Vielzahl von Optionen der Lebensführung. Gleichzeitig wies Beck darauf hin, dass diese größeren Möglichkeiten mit persönlichen Unsicherheiten, ja Risiken behaftet sind, die Menschen aushalten müssen und denen sie sich stellen müssen.

Die politische Entwicklung der 1980er Jahre verdeutlicht dies: Angefangen in den USA und Großbritannien setzte sich eine neoliberale Wirtschaftsordnung durch, die einherging mit der zunehmenden Privatisierung von öffentlichem Vermögen – Post, Eisenbahn, Energieversorgung –, der Entmachtung von Gewerkschaften, dem Abbau von Sozialleistungen, der Betonung von Eigenverantwortung.

Mit einiger Verspätung wurde ein entsprechender Umbau der Wirtschaft, der Sozialsysteme, eine Ökonomisierung des Bildungs- und Ausbildungssystems, des Gesundheitssystems usw. auch in Deutschland vorangetrieben. Konsequenzen waren der Rückbau der sozialen Sicherungssysteme, eine sich vertiefende gesellschaftlich Spaltung in Arm und Reich, eine Erwartung an die Menschen, Verantwortung für ihre individuelle Beschäftigungsfähigkeit, „employability" zu übernehmen – bei gleichzeitigem weiteren Stellenabbau.

Selbst wenn sich manche dieser Entwicklungen über mehr als ein Jahrzehnt hinzogen, hat Oskar Negt ihre Anzeichen 1986 in Bezug auf ihre zukünftige Bedeutung vorausschauend interpretiert und gefragt, wie die Konzeption „Soziologische Phantasie und exemplarisches Lernen" unter den neuen krisenhaften Bedingungen weiter gedacht werden könnte:

> *„Heute stellt sich das Problem: wie können wir die Konzeption lebendig erhalten in dem Sinne, dass sie auch Antworten geben kann auf Anforderungen, die sich aus der gegenwärtigen Krise ergeben? Die gegenwärtige Krise drückt sich zunächst auch aus in einem bestimmten Klima des Umgangs mit Theorien, mit Problemen und Anforderungen, die gesetzt sind für Menschen, die Orientierungen schaffen und vermitteln wollen. Diese Krise lässt sich als eine Krise bezeichnen, die die Subjekte erfaßt hat. Sie verläuft nicht nach dem alten Schema von Konjunktur und Re-*

zession, sondern sie ist in die Poren der Gesellschaft eingedrungen, sie hat ganz bestimmte Erwartungen der Menschen verändert. [...] Es handelt sich um eine Krise, die man vielleicht als Erosionskrise der kulturellen Gegebenheiten bezeichnen kann. Eine Krisensituation, mit der Menschen auf gewohnte Weise nicht mehr umgehen können, d. h., auf Basis dessen, was sie gelernt haben, darüber hinaus aber noch nicht genau wissen, was stabile neue Orientierungen sind" (Negt 1986, S. 32–33).

Negts stellte als Antwort auf die Frage, welche Orientierungen den Menschen vielleicht helfen könnten, sich produktiv mit den permanenten Veränderungen nicht nur wissend/reflektierend auseinander zu setzen, sondern vielmehr die Gesellschaft aktiv eingreifend im Sinne ihrer weiteren Demokratisierung zu verändern, zunächst fünf gesellschaftliche Kompetenzen vor: ökologische Kompetenz; Umgang mit Identität; historische Kompetenz; die Fähigkeit, Enteignungserfahrungen zu machen (später: Gerechtigkeitskompetenz) und die technologische Kompetenz (Negt 1986). Einige Jahre später ergänzte er die ökonomische Kompetenz.

Es geht ihm einerseits um die Vermittlung und Aneignung von Wissen über diese Themenbereiche, andererseits – und dies ist ihm fast wichtiger –, um die Erkenntnis ihres Zusammenhangs und Zusammenspiels mit dem Ziel der Überwindung fragmentarischen und zerfaserten Wissens. Erst die Erkenntnis und Reflexion gesellschaftlicher Zusammenhänge, das Verständnis der sie bestimmenden Macht- und Herrschaftsverhältnisse, die Aufdeckung von Interessen und ihren Durchsetzungsstrategien durch unterschiedliche gesellschaftliche Gruppen ermöglicht es Individuen und gesellschaftlichen Gruppen, die Einflüsse dieser Themen auf die Gestaltung von Gesellschaft zu verstehen, eigene Interessen zu formulieren und sich für ihre Durchsetzung einzusetzen. Hier schließt sich der gedanklich Kreis zur Konzeption „Soziologische Phantasie und exemplarisches Lernen", die über Aufklärung und Urteils- und Kritikfähigkeit die Arbeiterschaft bei der aktiven Gestaltung ihrer Arbeit- und Lebensbedingungen unterstützen wollte.

Im Lichte der Entstehungsgeschichte beider Konzeptionen war die Durchführung der Tagung zum Thema „Emanzipative Politische Bildung – Entwicklungen, Widerstände, Wirkungen und Perspektiven" an der Heimvolkshochschule Hustedt im Januar 2013 folgerichtig.

Es ging den Veranstalterinnen und Veranstaltern nicht darum ein „Ehemaligentreffen" zu organisieren. Vielmehr wollten wir die Aktualität der Ansätze unter veränderten politischen und gesellschaftlichen Bedingungen im Sinne historischer Kompetenz, die Utopiefähigkeit mit einschließt, reflektierend ausloten. Einbezogen wurden aktuelle Themen wie der Umgang mit neuen Medien im Rahmen der politischen Bildung, theoretische Bezüge und bildungspolitische Diskussionen.

Dabei kamen Protagonisten der ersten Stunde wie Adolf Brock, Hinrich Oetjen und Oskar Negt ebenso zu Wort wie Johann Dvorak, der die Konzeptionen in Österreich seit den 1980er Jahren publik gemacht hat. Sie und viele andere haben die Konzeptionen in den vergangenen 50 Jahren Widerständen zum Trotz weiter diskutiert, über Wissenschaft und Forschung weiter verbreitet, in der praktischen Bildungsarbeit eingesetzt und zur Wirkung gebracht.

Das heißt, einerseits wollten wir im Sinne des historischen Gedächtnisses die Entstehungszusammenhänge und -bedingungen der Konzeptionen nicht nur konservieren (vgl. Zeuner 2014). Vielmehr sollte im Dialog mit einer interessierten jüngeren Generation von Wissenschaftlerinnen und Wissenschaftler, Praktikerinnen und Praktikern der politischen Bildung und gewerkschaftlichen Bildungsarbeit das kulturelle Gedächtnis unterstützt werden, indem kollektive Wissensbestände weiter gegeben werden.

Natürlich spielen und spielten hierbei die seit Langem an den Diskussionsprozessen beteiligten Personen bei unserer Tagung eine Schlüsselrolle. Allerdings geht es laut dem Sozialpsychologen Harald Welzer nicht darum, historisches Handeln zu kopieren. Das Handeln bestimmter Personen kann aber in Bezug auf ihre historischen Bedingungen hinterfragt werden, auf die „Perspektive auf die Öffnung und Nutzung von Handlungsspielräumen" (Welzer 2010, S. 21). Denn, „solche Personen haben Handlungsspielräume anders genutzt als die übergroße Mehrheit ihrer Zeitgenossen und darin liegt ein erhebliches Lernpotential" (ebd., S. 22).

Dies war Intention der Tagung in Hustedt: Neben einer notwendigen Rückschau sollte nach den Möglichkeiten, Chancen und Perspektiven einer kritischen und Emanzipativen politischen Bildung der Zukunft gefragt werden. Dies zeigte sich an dem Selbstverständnis einer kritischen Wissenschaft, die Rolle der Kompetenzen im Sinn von Bildung und

Aufklärung, die Interpretation der Kompetenzen unter neuen theoretischen Perspektiven, ihr Einsatz im Rahmen einer kritischen politischen Bildung und neuen didaktischen Möglichkeiten der Neuen Medien (vgl. Lösch 2010). Dabei stand v. a. der Zusammenhang zwischen Wissen und Handeln im Mittelpunkt. Er verweist unmittelbar auf Aufgaben einer handlungsorientierten politischen Bildung, die historisch-politisches Lernen in einem Spannungsfeld stehend begreift, in dem subjektive, aber auch sozial und geschichtlich verankerte Aneignungsprozess stattfinden und deren Lernziele viele Dimensionen umfassen. Neben der Vermittlung historischen Faktenwissens geht es um Reflexion und die Thematisierung ableitbarer politischer Handlungsperspektiven zur Weiterentwicklung und Verbesserung der Demokratie.

> „*Ihrem ganzen, geschichtlich geprägten Wesensgehalt nach ist politische Bildung unabtrennbar mit der Deutung gesellschaftlicher Strukturen und dem Ziel, die ideologischen Ablagerungen, die Wirklichkeit verdecken, abzutragen und die Veränderungspotentiale im Bestehenden sichtbar zu machen. Denn Utopie ist die konkrete Verneinung der als unerträglich empfundenen gegenwärtigen Verhältnisse, mit der klaren Perspektive und der mutigen Entschlossenheit, das Gegebene zum Besseren zu wenden*“ (Negt 2010: 36, Hevorh. im Original).

Christine Zeuner

Literatur

Beck, Ulrich (1986): *Risikogesellschaft. Auf dem Weg in eine andere Moderne.* Frankfurt a. M.: Surkamp

Brock, Adolf, Hindrichs, Wolfgang, Hoffmann, Reinhard, Pöhler, Willi und Sund, Olaf (1975): *Industriearbeit und Herrschaft.* Themenkreis Betrieb, 1. Theorie und Praxis der Gewerkschaften. 2. Auflage. Frankfurt a. M.: Europäische Verlagsanstalt

Brock, Adolf, Hindrichs, Wolfgang, Hoffmann, Reinhard, Pöhler, Willi und Sund, Olaf (1975): *Der Konflikt um Lohn und Leistung.* Themenkreis Betrieb, 2. Theorie und Praxis der Gewerkschaften. 2. Auflage. Frankfurt a. M.: Europäische Verlagsanstalt

Brock, Adolf, Hindrichs, Wolfgang, Hoffmann, Reinhard, Pöhler, Willi. und Sund, Olaf (1975): *Die Würde des Menschen in der Arbeitswelt.* Themenkreis Betrieb, 4. Theorie und Praxis der Gewerkschaften. 2. Auflage. Frankfurt a. M.: Europäische Verlagsanstalt

Brock, Adolf, Hindrichs, Wolfgang, Hoffmann, Reinhard, Pöhler, Willi, Sund, Olaf und Welteke, Reinhard (1969): *Die Interessenvertretung der Arbeitnehmer im Betrieb.* Themenkreis Betrieb, 3. Theorie und Praxis der Gewerkschaften. Frankfurt a. M.: Europäische Verlagsanstalt

Lösch, Bettina (2010): „Ein kritisches Demokratieverständnis für die politische Bildung." In: Dies. und Andreas Thimmel (Hrsg.): *Kritische politische Bildung. Ein Handbuch.* Schwalbach/Ts.: Wochenschau Verlag, S. 115–127

Negt, Oskar (1968). *Soziologische Phantasie und exemplarisches Lernen. Zur Theorie und Praxis der Arbeiterbildung.* Frankfurt am Main: Europäische Verlagsanstalt

Negt, Oskar (1986/1991): „Phantasie, Arbeit, Lernen und Erfahrung – Zur Differenzierung und Erweiterung der Konzeption ‚Soziologische Phantasie und exemplarisches Lernen'." In: *Arbeit und Politik. Mitteilungsblätter der Akademie für Arbeit und Politik an der Universität Bremen.* 4/5 (1991/92 Nr. 8–10), S. 32–44 [Abschrift der Tonbandaufzeichnung eines Referats, das Oskar Negt auf dem internationalen Symposium „Arbeit und Bildung – Emanzipation durch Lernen und Phantasie" im 1986 in Linz. Österreich, gehalten hat.]

Negt, Oskar (2010): *Der politische Mensch. Demokratie als Lebensform.* Göttingen: Steidl Verlag

Welzer, Harald (2010): Erinnerungskultur und Zukunftsgedächtnis. In: *Aus Politik und Zeitgeschichte,* Nr. 25/26, S. 16–23.

Zeuner, Christine (2014): „Die Vermittlung historischer Kompetenz als Aufgabe politischer Bildung." *Journal für politische Bildung* Jg. 4, Nr. 1, S. 8–16.

Zeuner, Christine u. a. (2005): „Politische Partizipation durch gesellschaftliche Kompetenz: Curriculumentwicklung für die politische Grundbildung." 6 Studienhefte erstellt im Grundtvig 1-Projekt (110622-CP-1-2003-1-DE-Grundtvig-G1) im Rahmen des Socrates Programms der Kommission Bildung und Kultur der Europäischen Union. Flensburg. http://www.hsu-hh.de/zeuner/index_o3RBEFQKMp7s3elZ.html (Abruf: 19.07.2013)

Adolf Brock

„Soziologische Phantasie und exemplarisches Lernen" in der Arbeiterbildung: Genese der Konzeption

Die Konzeption „Soziologische Phantasie und Exemplarisches Lernen" von Oskar Negt ist in den Jahren 1964 bis 1966 entstanden als eines der vier Grundlagenhefte der „Sozialwissenschaftlichen Vereinigung e. V. Duisburg" zur Diskussion in den Gewerkschaften, der Arbeiterbildung, der gewerkschaftlichen Bildungsarbeit und der kritischen politischen Bildung. Der Erarbeitungsprozess der Hefte dauerte einige Jahre. Nach Fertigstellung der ersten Fassung im Frühjahr 1966 lud die „Sozialwissenschaftliche Vereinigung e. V. Duisburg" zu einer Arbeitstagung und Diskussion der ersten Fassung der Konzeption in die Heimvolkshochschule Lambrecht in der Pfalz ein. Vierzig Theoretiker und Praktiker der Arbeiter- und Erwachsenenbildung nahmen u. a. an der Tagung teil:

Paul Steinmetz, damaliger Leiter der HVHS Hustedt
Hansgeorg Conert und *Olaf Sund*, Lehrer an der HVHS Hustedt
Hans Matthöfer, Leiter der Bildungsabteilung der IG Metall
Bernhard Lutkat, Mitarbeiter der Bildungsabteilung IG Metall
Horst Geyer, Leiter der IG Chemie-Schule in Bad Münder
Johannes Weinberg, Pädagogische Arbeitsstelle des Deutschen Volkshochschulverbandes
Hinrich Oetjen, Bundesjugendschule Oberursel
Peter von Oertzen, TU Hannover und Sozialwissenschaftliche Vereinigung
Manfred Dammeyer, Volkshochschule Oberhausen.

Oskar Negt trug zu Beginn der Tagung Thesen zum Inhalt seiner Vorschläge vor. Zusammengefasst ging es um Inhalte und Perspektiven.

Im folgenden Beitrag werden wichtige Aspekte der Konzeption vorgestellt und die sich daran anschließenden Diskussionen und Ansätze ihrer praktischen Umsetzung in der Bildungsarbeit nachgezeichnet.

Grundzüge der Konzeption „Soziologische Phantasie und exemplarisches Lernen

Ausgangspunkt der Vorschläge zur Reorganisation der Arbeiterbildung als gewerkschaftliche Bildung ist die Erkenntnis, dass die bisherigen Formen der Bildungsarbeit der Gewerkschaften für die Etappe der liberal-kapitalistischen Gesellschaftsformation nicht ausreichend sind und dass deshalb eine Konzeption der Bildungsarbeit zu entwickeln war/ist, in der die Arbeiter und die übrigen abhängig Beschäftigten Subjekt der Bildungsarbeit sind.

> *„Es soll hier in erster Linie versucht werden, aus inhaltlichen Problemen (Konflikten/Situationen), aus klassenspezifischen Sprachstrukturen, Vorstellungen und Gesellschaftsbildern, aus historischen Zielen der Arbeiterbewegung und der ‚objektiven Möglichkeit' der bestehenden Gesellschaft Prinzipien einer Erziehungsmethode zu entwickeln, die zunächst nur für die Arbeiterbildung gilt"* (Negt 1968, S. 7).

Oskar Negt hatte aber nicht die Absicht, „die Theorie" der Arbeiterbildung vorzulegen, sondern einen Beitrag zu einer zu entwickelnden Theorie zu leisten, die sich insgesamt erst voll entfalten kann, wenn auch eine Theorie der Einheitsgewerkschaft unter den Bedingungen des Kapitalismus entsteht und zur Basis der gewerkschaftlichen Politik wird.

Es gilt daher, als ersten Schritt in einem solchen Prozess sowohl in der gewerkschaftlichen als auch in der politischen Bildungsarbeit eine soziologische und politisch fundierte wissenschaftliche Grundausbildung durchzusetzen.

In der auf breite Grundlagen gestellten Bildungsarbeit sollte/soll aber keine proletarische Imitation der bürgerlichen „Halbbildung" vermittelt werden, obwohl die Gefahr immer gegeben ist, in eine Halbbildung abzugleiten.

> *„Andererseits kann die Gefahr einer proletarischen Imitation der bürgerlichen Halbbildung nicht übersehen werden; die offizielle Unterbewertung der Bildung und des Pädagogischen in den Gewerkschaften hat dazu*

geführt, daß die durch das Anwachsen der Schicht der Angestellten mit bedingten, durch das offizielle Schulsystem immer aufs Neue reproduzierten kleinbürgerlichen und mittelständischen Ideologien, in denen ‚sich ein autoritäres Bewußtseinspotential entfaltet', ohne wirksame Gegenkräfte in die gewerkschaftliche Bildungsarbeit eindringen konnten" (Negt 1968, S. 11).

Wenn dieser Prozess des Einsickerns falscher Ideologien nicht unterbrochen wird, können auch die Gewerkschaften anfällig werden für autoritär-bürokratisch-ständische Formierungsprozesse, in denen die Gewerkschaften als Ordnungsmacht über die Arbeiter fungieren.

Für die gewerkschaftliche Bildungsarbeit ist es deshalb unerlässlich, dass sie „ihrem Inhalt und ihrer Methode nach eine autonome Position gegenüber den bürgerlichen Bildungseinrichtungen bezieht", damit „übernimmt sie gleichzeitig eine wichtige politische Aufklärungsfunktion" (Negt 1968, S. 11). Aus dem labilen Zustand der Arbeiterschaft und ihrer Organisationen ergab sich, dass Arbeiterbildung bei den unmittelbaren Erfahrungen der Lohnabhängigen anzusetzen und bei der exemplarischen Entfaltung der sozialen Konflikte auf die klassenspezifisch formierten Gefühls-, Denk- und Sprachstrukturen einzugehen hat. Die Konflikte sind gleichzeitig unter historischen und sozioökonomischen Gesichtspunkten zu entfalten, damit strukturelle Zusammenhänge zwischen individueller Lebensgeschichte, subjektiven Interessen, Wünschen, Hoffnungen und historischen Ereignissen erkannt werden.

Es geht bei der Anwendung des Prinzips der soziologischen Phantasie und des exemplarischen Lernens in der Arbeiterbildung nicht primär um theoretische (abstrakte) Wissensvermittlung, sondern vielmehr um die Entwicklung und Anwendung soziologischer Phantasie bzw. Denkfähigkeit, die die Arbeiter anwenden, um so juristische, politische, gesellschaftliche und ökonomische Sachverhalte in anschauliche „außerwissenschaftliche Sprach- und Denkformen" zu übersetzen, „durch die der wesentliche politische und soziologische Gehalt gesellschaftlicher Zusammenhänge zur Motivierung sozialen Handelns führen kann" (Negt 1968, S. 19). Die wird, so Negt „zum Kardinalproblem der exemplarischen Bildung der Arbeiter" (ebd.).

Lernen und Handeln sollen Voraussetzungen schaffen für die Durchsetzung der Selbstbestimmung der Arbeiter und aller Abhängigen in einer demokratischen Gesellschaft, in der es keine Ausbeutung und Fremdbestimmung mehr gibt, in der die Grundsätze des Handelns und der Interaktionen der Menschen auf Kooperation, Selbstbestimmung, Gleichheit und Solidarität beruhen. Diese allgemeinen Ziele sind auch immer Grundlage der jeweiligen Lernprozesse.

Im Zentrum von Negts Arbeit steht und stand ein praktisches Problem: Wie ist das entfremdete, mehr oder weniger geschichtslos gewordene Bewusstsein der gewerkschaftlich organisierten Arbeiter so zu verändern, dass sie wieder verstehen, was Klassenkampf, was Lohnarbeit, was Kapital und was konkrete Totalität ist?

Die Bildung von situationsunabhängigem Klassenbewusstsein steht im Vordergrund der Konzeption Soziologische Phantasie und exemplarisches Lernen. Durch die Vermittlung der Konzeption soll auch dem weiteren Zerfall der sozialistischen Theorie entgegengearbeitet werden. Das bei dieser Bildungsarbeit entscheidende Problem der Vermittlung von Theorie und Praxis nimmt den Lebenszusammenhang der Arbeiter, die durch Konflikte geprägte Arbeiterexistenz als soziales Gesamtphänomen, zum inhaltlichen Ausgangspunkt. Die Theorie soll durch diesen Lebenszusammenhang hindurch wirksam werden und die Lohnabhängigen sollen sich bewusst als selbständige Subjekte ihrer Lernarbeit begreifen.

Die Konzeption ist auf Praxis gerichtet. Sie kann allerdings nicht der Theorie entraten. Theorie bei Negt ist in diesem Zusammenhang, wie Engels schon betont, eine Anleitung zum Forschen und Handeln. Negt formuliert das exemplarische Lernen für die Arbeiterbildung neu, indem er über die Stoffreduktion hinaus die Entwicklung spezifischer Methoden für die Arbeiterbildung fordert, die auf der Grundlage des Erkenntnisinteresses einer politischen Ökonomie der Arbeit soziologische und historische Aspekte in einer systemsprengenden Praxis zusammenfassen. Der Prozess des Lernens geht deshalb vom Kern der gesellschaftlichen Totalität aus, innerhalb derer die Arbeiterklasse existiert, deren Entfremdungszusammenhänge sie aber aufnimmt und gleichsam überwindet. Für diesen Prozess ist soziologische Phantasie und soziologisches Denken erforderlich:

als Voraussetzung für die Bewusstmachung struktureller Widersprüche, für aktive Arbeiterpolitik und Aktion.

In der Bildungsarbeit der Konzeption geht es aber auch immer um die Bewusstmachung der Selbstentfremdung und ein Verständnis darüber, „dass das unaufgeklärte Eingeständnis der Selbstentfremdung des Arbeiters ein desolates Bewusstsein erzeugt; dass aber ohne ein bewußt gewordenes Element Selbstentfremdung die Steigerung des Selbstbewußtseins des Arbeiters nicht zu erreichen ist" (Negt 1968, S. 31–32).

Die Aufhebung der Entfremdung ist für die Arbeiter aber nur durch die Entfremdung hindurch möglich, wobei aber die Funktion entfremdeten Bewusstseins für die Stabilität des psychischen und kognitiven Gleichgewichts nicht außer Acht gelassen werden sollte. Die Entfremdungsproblematik kann also im Arbeiterbildungsprozess nicht im Schnellverfahren erklärt werden. Vielmehr sollte die Auseinandersetzung mit der Entfremdungsproblematik in einem ruhigen und reflexiven Lernprozess erfolgen. Berücksichtigt werden sollten in einem solchen Lernprozess die Bedingungen der Arbeiterexistenz unter Einbeziehung der Entfremdung, des Arbeitsleids, der historischen, der zeitlichen und der Zukunftsdimension. So können Konflikte zu möglichen Ausgangspunkten der Arbeiterbildung werden.

Außerdem ist zu beachten, dass die Konzeption weder eine einfache Erfahrungskonzeption noch eine Konfliktmethode und schon gar nicht eine Fallmethode ist, sondern eine Theorie- Praxismethode, die aus exemplarischem Lernen und der soziologischen Phantasie besteht. Das eine darf vom anderen nicht getrennt werden: Sie ist nur wirksam, wenn im Bildungs- wie im Praxisprozess die Dimensionen der Konzeption voll entfaltet werden.

Grundlegend ist, dass die Arbeiter nicht Objekte der Lernarbeit sind, sondern Subjekte. Es geht immer darum, nicht vorrangig Ergebnisse darzustellen, die dann repetetiv gelernt werden, sondern darum, dass die kritische Aneignung und Entfaltung von den Arbeitern selbst vorzunehmen ist, um Klassenbewusstsein zu entwickeln. Das Klassenbewusstsein weist über die bestehenden Verhältnisse hinaus, es beinhaltet die Möglichkeit der Veränderung und ist gleichzeitig die Negation des Kapitalismus. Arbeiterbildung kann diesen Prozess der Veränderung allein nicht bewirken, aber sie ist Voraussetzung für die politische Bewusstwerdung der Arbeiter im Prozess der Arbeit und der Politik.

Debatten zur Konzeption

Nach Oskar Negts Einleitung der Diskussion kam es bei der Lambrechter Tagung zu lebhaften Debatten. Schwerpunkte und Fragen der Diskussion waren:

- Ist eine Reorganisation der gewerkschaftlichen Bildung zur Arbeiterbildung unter den derzeitigen Bedingungen der Gewerkschaften, d.h. unter Vorrang einer ökonomisch bestimmten Gewerkschaftspolitik, der weitgehend unkoordinierten Arbeit zwischen DGB und Einzelgewerkschaften und dem Vorrang der zentralen Politik vor lokalen und betrieblichen Aktivitäten, überhaupt möglich?
- Sind die Arbeiter zu der geforderten Lernarbeit bereit oder wie sind sie zu einer solchen Lernarbeit zu bewegen?
- Sind die zentralen Kategorien der Arbeit: „Entfremdung", „Totalität der Gesellschaft", „Erziehung zur soziologischen Phantasie" unter Einbeziehung des exemplarischen Lernens auch auf die Jugendbildung übertragbar bzw. kommt die Jugendbildungsarbeit der IG Chemie schon der Konzeption nahe?

Zum ersten Diskussionspunkt wurde festgestellt, dass eine Reorganisation der Bildungsarbeit notwendig sei. Da sie aber zu der vorherrschenden Funktionärsbildung in Konkurrenz treten müsse, sei Widerstand zu erwarten. Andererseits seien aber Chancen zur Neuorientierung vorhanden, wie die betriebsnahe Bildungsarbeit der IG Metall und die Entwicklung der gewerkschaftlichen Jugendbildungsarbeit zeige. Der Verstehenshorizont der leitenden Funktionäre für die Vorschläge solle jedoch nicht überschätzt werden. Bei einer Umsetzung der Konzeption in die Praxis der Bildungsarbeit würde es wohl ohne Abstriche von der Theorie nicht gehen.

Der zweite Diskussionspunkt, ob die Arbeiter zu der geforderten Lernarbeit bereit seien, wurde so beantwortet: Die Lernbereitschaft der

Arbeiter hänge mit davon ab, ob es gelänge, die Bildungsarbeit in den Betrieben zu verankern, und ob die Bildungsarbeit verbunden werden könne mit den Perspektiven der Gewerkschaftspolitik und der betrieblichen Kämpfe. Dieser Lernprozess komme aber nicht von selbst in Gang, sondern die Voraussetzungen dafür seien im Bündnis von Arbeiterorganisationen und Wissenschaftlern zu schaffen.

Die zentrale Kategorie „Totalität der Gesellschaft“ sei in der Bildungsarbeit zu verwenden in der Absicht, Willen zur Veränderung zu erzeugen und über die Schaffung von kritischem Bewusstsein kollektives Handeln durchzusetzen. Diese neue Praxis in der Gewerkschaftsarbeit, die Verbindung von Lernen und Handeln, könne aber nur von der Basis der Arbeiterbewegung, den Belegschaften der Produktionsbetriebe, ausgehen.

Bei der Entwicklung von soziologischer Phantasie und exemplarischem Lernen in der Arbeiterbildung geht es nicht um eine Beschränkung der Praxis, sondern um ihre Entfaltung: Ausgangspunkte der Arbeit sind die Situationen des Einzelnen als Teil der Gesamtgesellschaft und die diese Beziehungen bestimmenden Mechanismen und Konflikte, die es in soziologischer, historischer und politischer Dimension zu verarbeiten gilt, also unter den Bedingungen der Theorie und Praxis der westdeutschen Arbeiterklasse.

Ob die von der IG Chemie entwickelte Bildungskonzeption eine Anwendung der soziologischen Phantasie und des exemplarischen Lernens erlaube, sei nicht so sehr von der Konzeption aus zu bestimmen, sondern von der Lernpraxis in den Jugendkursen. Ein Problem bleibe die geringe Lebens- und Betriebserfahrung der jugendlichen Kollegen, aber es sei durchaus denkbar, Lernprozesse auch von den vorgegebenen Erfahrungen aus zu entfalten. Erfahrung sei zurückzuführen auf die gesellschaftliche Totalität, und die gelte auch für junge Menschen (vgl. Lessing 1976).

Des Weiteren wurden Fragen zu Bildungs- und Sprachbarrieren und zur Lernmotivation diskutiert.

1. Wie stark sind die Bildungsbarrieren bei Arbeitern?
2. Ist es denkbar, dass eine öffentliche Sprache als Vermittlungsinstrument genutzt werden kann?
3. Gibt es andere Medien der Vermittlung außer der Sprache?

4. Wie groß ist der eigene Spielraum, sich über Sprachbarrieren hinwegzusetzen?

Oskar Negt betont, „dass viele Sprachformen der Arbeiter (vor allem die Topoi) emanzipative Implikationen haben in ihrer Form der Solidarisierung" (zitiert in Brock 1978, S. 30). Selbstverständlich setzen sich Minderheiten über die vorhandenen Sprachbarrieren hinweg. Diese Möglichkeiten hängen individuell erstens von der funktionalen Intelligenz, zweitens dem Spielraum, den die Konstitution der Familie, in der ein Kind aufwächst, zulässt, und anderen damit korrelierenden Faktoren ab.

Es wird aber die These auch angezweifelt, dass Sprache das einzige Medium der Vermittlung von Bildungsinhalten sei. Die Anwendung kybernetischer Modelle entspräche dem technischen Verständnis des Arbeiters, diese seien somit geeignet, gesellschaftliche Zusammenhänge schnell, verständlich und einprägsam zu vermitteln.

Zu den Ergebnissen der Tagung

In der Abschlussdiskussion bestand Einverständnis darüber, nach einer Überarbeitung des Textes diesen sobald wie möglich zu veröffentlichen. Für die Praxis der Bildungsarbeit wurde es als notwendig angesehen, Studienhefte zu Themenkreisen zu erarbeiten, die von den Intentionen der Vorschläge ausgehen. Arbeit und Leben Niedersachsen, sowie die Bildungsabteilungen der IG Chemie und der IG Metall erklärten sich bereit, diese Arbeit zu unterstützen und die Studienhefte in ihrer zukünftigen Bildungsarbeit zu nutzen.

Als zweiter und über den Tag hinauswirkender Tatbestand ergab sich aus den folgenden Arbeitsbeziehungen eine Verbesserung im Verhältnis von Gewerkschaften, Betriebsräten und kritischen Wissenschaftlern.

Zur Erstellung der Arbeitshefte

Im Sommer 1967 kam es zu einer förmlichen Vereinbarung zwischen „Arbeit und Leben Niedersachsen", den genannten Bildungsabteilungen der Gewerkschaften und der Sozialwissenschaftlichen Vereinigung zur

Erarbeitung des ersten Themenkreises „Arbeit und Betrieb“. Es bildete sich eine Autorengruppe, die die Hefte in einem eineinhalbjährigen Kooperationsprozess erarbeitete.

Zur Arbeitsgruppe gehörten *Adolf Brock*, Lambrecht/Kiel, *Oskar Negt*, Heidelberg, *Reinhard Hoffmann*, Hamburg, *Willi Pöhler*, Hannover, *Wolfgang Hindrichs*, Duisburg, *Olaf Sund*, Hustedt, *Reinhard Welteke*, Frankfurt am Main. *Manfred Heckenauer*, Frankfurt am Main, beriet die Gruppe. Themen der Hefte waren „Industriearbeit und Herrschaft“, „Der Konflikt um Lohn und Leistung“, „Die Interessenvertretung der Arbeitnehmer im Betrieb“, „Die Würde des Menschen in der Arbeitswelt“ und „Die Veränderung der Arbeit“ (vgl. Brock u.a. 1969; 1975).

Die Hefte beginnen alle mit einem oder mehreren Einstiegs- oder Konfliktfällen, die unter der je eigenen Fragestellung für jedes Heft entfaltet werden. Sie gehen davon aus, dass Konflikte Ausdruck ökonomischer, politischer und gesellschaftlicher Widersprüche im Kapitalismus sind, die im soziologischen Zusammenhang zu analysieren und zu interpretieren sind. Es geht also in den Heften darum, schrittweise den Zusammenhang der Einzelsituation mit der gesellschaftlichen Situation, den allgemeinen Rechtsverhältnissen, der technischen Entwicklung, den wirtschaftlichen Bedingungen des Betriebs und der Gesellschaft und den betrieblichen und gesellschaftlichen Herrschaftsverhältnissen aufzuzeigen. Dabei vollzieht sich ein ständiger Wechsel der Perspektiven, um im vorgenannten Sinne die differenzierte Sicht der Einzelwissenschaften zu überwinden und zu einem Verständnis des Ganzen zu gelangen.

Ein zweiter Themenkreis „Gesellschaft“ wurde zwar von der fast gleichen Autorengruppe entworfen und in Form von Gliederungen und Einstiegsfällen erarbeitet, aus Zeitgründen aber nicht mehr fertiggestellt.

1968 erschien die zweite Fassung von „Soziologische Phantasie und exemplarisches Lernen – Zur Theorie der Arbeiterbildung“ in der Reihe „Theorie und Praxis der Gewerkschaften“ in der Europäischen Verlagsanstalt in Frankfurt am Main. Zeitgleich erschienen die zwei ersten Hefte des Themenkreises Betrieb „Industriearbeit und Herrschaft“ und „Konflikt um Lohn und Leistung“ als Eigenausgabe bei Arbeit und Leben, Niedersachsen. Die beiden weiteren Ausgaben folgten ebenfalls bei Arbeit und Leben.

Die vier Hefte zusammen erschienen erst als Ausgabe außerhalb eines Verlags in Verantwortung der Autoren. Später wurden die vier Hefte von der Europäischen Verlagsanstalt veröffentlicht (vgl. Brock u.a. 1969; 1975).

Das fünfte Heft „Veränderung der Arbeit“ lag fertiggestellt im Typoskript vor, wurde aber nicht veröffentlicht, da der Einstiegskonflikt nicht mehr der veränderten Technologie entsprach. Es sollte überarbeitet werden. Später wurde eine Manuskript-Vervielfältigung angefertigt, damit die geleistete Arbeit nicht ganz vergessen wurde.

1971 erschien in der Europäischen Verlagsanstalt eine überarbeitete Neuausgabe von „Soziologische Phantasie und exemplarisches Lernen“ mit einem neuen Vorwort, in dem sich Oskar Negt mit seinen ersten „Kritikern von Links“ auseinandersetzt (Negt 1975, S. 7). Im letzten Absatz der Einleitung geht es um die „berühmt“ gewordene Bemerkung, die auch zur Überarbeitung des Buches geführt habe: „… das Buch für einen lesenden Arbeiter lesbarer zu machen“ (Negt 1975, S. 12). In Verbindung mit den Heften des „Themenkreis Betrieb“ wurde das Ziel auch wohl erreicht.

Übernahme und Fortsetzung der Konzeption nach 1973

Neben der IG Metall übernahm vor allem die Sozialistische Jugend Österreichs für einige Jahre die Konzeption als Grundlage ihrer Bildungsarbeit. Das Konzept stellte den Versuch dar, die Bildungskonzeption der westdeutschen Gewerkschaftsjugend mit weiteren für die Sozialistische Jugend Österreichs relevanten Themen zu verbinden, dabei aber für die übernommenen Teile die Konzeption näher an die soziologische Phantasie und das exemplarische Lernen heranzuführen und auf eine sozialistische Grundlage zu stellen.

Einige weitere Versuche, mit der Konzeption der soziologischen Phantasie und des exemplarischen Lernens in der Arbeiterbildung/Jugendbildung und der politischen Bildung zu arbeiten, wurden an einigen Volkshochschulen und Heimvolkshochschulen, bei Jugendgruppen und in Bildungsurlaubskursen für Industriearbeiter unternommen.

Ein größerer Versuch, die Konzeption für die Arbeiterbildung – richtiger: Arbeiterjugendbildung – für einen langfristigen Lernzusammenhang zugrunde zu legen, wurde 1975 von der Volkshochschule Köln unternommen (vgl. Gaebe 1991). Es wurde nach dem Vorbild der Volksbildungsarbeit in der Zeit der Weimarer Republik ein Volkshochschulheim für Jungarbeiter und Angestellte eingerichtet. Sie leben für ein Jahr in dem von der Volkshochschule zur Verfügung gestellten Haus zusammen, gehen tagsüber ihrer Arbeit nach und lernen in ihrer Freizeit unter Anleitung von Pädagogen gemeinsam. Dieses Projekt ist insofern interessant, als hier eines der wenigen Experimente gewagt wurde, das einigermaßen transparent ist, d. h. es liegen sowohl die Vorbereitungspapiere, die Ablaufprotokolle sowie ein Bericht über den sechsmonatigen Versuch vor.

Neben diesen vielfältigen, aber immer noch zu geringen Praxisversuchen hat die Konzeption auch breiten Eingang in die wissenschaftliche und politische Diskussion gefunden und steht weiterhin im Zentrum einer Reihe von Kontroversen, Untersuchungen und Polemiken. So hat in der Lehrerbildung, dem Fach Arbeitslehre/Politik, der politischen Bildung und im Sozialkundeunterricht vor allem der „Themenkreis Betrieb" Eingang gefunden. Selbst die Frankfurter Allgemeine Zeitung befasste sich unter dem Titel „Wann wird Antikapitalismus Schulfach?" mit dem Arbeitsheft „Die Würde des Menschen in der Arbeitswelt" aus dem „Themenkreis Betrieb" (vgl. Brock u.a. 1969; 1975).

Neben Zustimmung und – was ich für noch wichtiger halte – neuen Versuchen, das Prinzip „Soziologische Phantasie und exemplarisches Lernen" als Grundlage der politischen Arbeiterbildung zur Praxis werden zu lassen, wird die Konzeption bis heute auch stark kritisiert. Aber nur wenige Kritikpunkte berühren neue Aspekte, die die Sache weitertreiben, um die es geht: die Emanzipation der Arbeiter und übrigen Abhängigen vom Kapitalismus.

Das Gegenkonzept heißt „Schulung". Schulung wird im Unterschied zur Arbeiterbildung als eine direkte Transformation des Wissens in klassenbewusstes revolutionäres Handeln verstanden: Sie ist Aufforderung zum Klassenkampf, Agitation und Auflösung der bewusstseinshemmenden Einflüsse und Blockierungen der bürgerlichen Gesellschaft in einem. Auch hier gilt die schlichte Frage: Wie entsteht Klassen- oder politisches Bewusstsein und wie ist es zu festigen? Sicher nicht von außen, sondern nur in mühevollen selbstbestimmten Lernprozessen der Arbeiter.

Ein anderes „Gegenkonzept“ nennt sich „Erfahrungsansatz“. Nicht mehr soziologische Phantasie und exemplarisches Lernen in den Dimensionen der Entfaltung von historischen Bedingungen, gesellschaftspolitischen Machtverhältnissen und des Arbeits- und Lebenszusammenhangs unter dem Aspekt der Alternative zur Emanzipation, sondern Verarbeitung der Erfahrung als pragmatische Einpassung und Anpassung an den vorherrschenden Lebens- und Herrschaftszusammenhang sollen eingeübt werden.

Dem ist jedoch entgegenzuhalten, dass Arbeiterbildung als politische Bildung nicht nur auf die politische und moralische Erziehung der Individuen zielt. Vielmehr meint politische Bildung auch, dass die Menschen unterstützt werden, die Gesellschaft zu gestalten und damit historische Wirklichkeit zu schaffen.

Statt einer Zusammenfassung: Weg in die Zukunft der Konzeption? – Thesen

Klassenbewusstsein weist über die bestehenden Verhältnisse hinaus, es beinhaltet Möglichkeiten der Veränderung und ist gleichzeitig Negation des Kapitalismus. Arbeiterbildung kann diesen Prozess der Veränderung allein nicht bewirken, aber sie ist Voraussetzung für die politische Bewusstwerdung der Arbeiter im Prozess der weiteren Demokratisierung und Emanzipation.

Inzwischen können wir eine fünfzigjährige Wirkungsgeschichte der Konzeption überblicken. Die Abgrenzungs- und Ausgrenzungsdebatten sind überwunden. Im Mittelpunkt der Arbeiten, die sich in den letzten Jahren mit dieser Konzeption auseinandersetzten, stand eindeutig die Tendenz, die Implikationen der Studie und die vorhandenen Praxiserfahrungen aufzunehmen und weiterzuführen (vgl. Klaus Dera, 1983; Harry Coenen 1991; Adolf Brock u.a. 1987).

Es geht darum, sich den neuen Anforderungen zu stellen, wie sie sich u. a. aus der Entwicklung der Medien, der neuen Technologien und den mit dieser Entwicklung einhergehenden Veränderungen der Arbeitsstrukturen und der Zusammensetzung und Differenzierung der Arbeiter- und Angestelltenschaft ergeben. Hinzu kommt die Weiterarbeit an der Theorie der Arbeiterbildung und politischen Bildung, die Aufnahme neuer Themen wie die Einbeziehung weiterer Gruppen der abhängig Beschäftigten, so vor allem der Angestellten und Frauen.

Oskar Negt hat immer betont, dass die Vorschläge zur Rekonstruktion der Arbeiterbildung, wie sie in der Konzeption „Soziologische Phantasie und exemplarisches Lernen“ entwickelt wurden, zunächst nur für Arbeiter gelten. Jetzt stellt sich aber immer dringender die Aufgabe, die Konzeption auch auf die Bildungsarbeit der verschiedenen Angestelltengruppen auszudehnen. Denn inzwischen hat sich die Zusammensetzung der abhängig Beschäftigten differenziert. Bei weitgehend konstantem Facharbeiteranteil ist eine Verschiebung vom Produktions- zum Dienstleistungssektor festzustellen. Im Produktionssektor trat zudem eine weitere Differenzierung zwischen Planung, Arbeitsvorbereitung und Ausführung ein.

Als neue Gruppe von Angestellten traten Computerfachleute mit unterschiedlicher Aufgabenstellung auf den Plan und übernahmen „Leitfunktionen“ in den Prozessen der Planung, Steuerung und Verwaltung. Für alle diese Gruppen gilt es einerseits, ausgehend von ihren Bedürfnissen und Interessen differenzierte Bildungsmöglichkeiten zu entwickeln, andererseits aber auch, Verbindungen herzustellen zu den unverzichtbaren Elementen der emanzipativen Arbeiterbildung.

Eine weitere Aufgabe, für die die Konzeption Vorarbeit geleistet hat, ergibt sich aus der Arbeit an der Überwindung der Trennung von allgemeiner, beruflicher und politischer Bildung. Die Aufrechterhaltung der Trennung erfolgt heute nicht mehr im Wesentlichen aus Produktionserfordernissen, sondern dient weitgehend der Herrschaftssicherung und der Aufrechterhaltung der Trennung von körperlicher und geistiger Arbeit.

Dieser Zustand wird sich langfristig nur aufheben lassen, wenn es gelingt, in der Arbeiterbildung eine neue kritische Polytechnik zu entwickeln und wirksam werden zu lassen. In der kritischen Polytechnik geht es um die Aneignung der Grundelemente der wichtigsten Prozesse von Produktion und Reproduktion einschließlich ihrer theoretischen und organisatorischen Implikationen. Kritische Polytechnik weist über die naturwissenschaftliche und nur technologische Bildung hinaus und nimmt in diesem Zusammenhang die Erkenntnisse der Polytechnik der vorkapitalistischen Phase, in welche die Erkenntnistätigkeiten und Vermittlungen (Lernen) hineingenommen waren, die zur Lebensbewältigung gehörten, in die Bildungsarbeit mit auf: Kooperation, Arbeiten in Feld und Garten, im Haus, Tiere, Kleidung, Nahrung, Kochen, Kommunikation, Regelung der gemeinsamen Angelegenheiten (Politik), die Bereiche des Geistes, Religion/Philosophie, Ästhetik. Polytechnische Qualifikationen bieten m.E. allein die Gewähr, dass von den Arbeitern der Bruch mit der herrschenden Kapital- und politischen Realitäts-Logik vollzogen werden kann und sie sich in die Lage versetzen, gegen die politische Ökonomie des Kapitals wirksam die politische Ökonomie der Arbeit und der Arbeitskraft zu setzen.

Bisher ist die Arbeiterbildung in der Bundesrepublik weitgehend noch immer nur Minderheitenbildung. Allenfalls zehn Prozent der Arbeiter nehmen an Bildungsveranstaltungen teil, die nicht berufsbezogen oder betrieblich sind (Bilger/Rosenbladt 2012, S. 27). Soll Arbeiterbildung nicht nur Bildung einer Minderheit oder – als besondere Form der Arbeiterbildung – Funktionärsbildung bleiben, ist eine Basis- oder Massenbildung – um den Begriff der sozialistischen Arbeiterbildung für diese Bildungsarbeit aufzunehmen – erforderlich.

Das Hauptziel der Arbeitermassenbildung auf den kürzesten Begriff gebracht ist die Bildung der Arbeiter, die allseitige Entwicklung ihrer Fähigkeiten bzw. ihrer Person (vgl. Brock 1982). Für die Entfaltung dieser Bildungsform, sowohl für das Individuum wie für das Kollektiv, als Angehöriger der Arbeiterklasse, ist die Aneignung einer allgemeinen, wissenschaftlichen Grundbildung unter Einbeziehung eines „Grundberufs" bzw. der polytechnischen Qualifikationen und die Entwicklung und Festigung eines situationsunabhängigen politischen/Klassenbewusstseins erstes Bildungsziel.

Arbeitermassenbildung wird von den Arbeitern selbst organisiert. Die Teilnehmer bestimmen selbst, welchen Lernschwerpunkten sie sich zuwenden oder von welchen Themen bzw. Situationen sie ausgehen wollen. Eine weitere Konstitutionsbedingung der Arbeitermassenbildung ist die Aufhebung der Grenzen zwischen Bildung/Lernen, Aneignung von Theorie, Erarbeitung von Erkenntnissen und der betrieblichen, gesellschaftlichen und der politischen Praxis. Die Bildungsarbeit sollte sich an komplexeren

Wissenseinheiten, Problem- und Konfliktbereichen entfalten. Die Lernarbeit selbst sollte aber immer in Verbindung mit einer betrieblichen, gewerkschaftlichen oder gesellschaftspolitischen Praxis erfolgen.

Die Erweiterung der Konzeption wird sowohl notwendig im Zusammenhang mit der Aufnahme neuer Entwicklungen im Arbeits- und Reproduktionsbereich, in gesellschaftspolitischen Zusammenhängen, als auch in der Einbeziehung von Personengruppen außerhalb der Arbeiterschaft und in der Aufnahme/Besetzung neuer Themen und Interaktionsfelder.

Es geht um kooperatives Lernen für die Arbeiteremanzipation und für die Verwirklichung der Demokratie. Nur im Zusammenhang von autonomen, selbstbestimmten Bildungsprozessen, die gleichzeitig politische Praxis beinhalten, an der Basis der Gesellschaft bzw. den gesellschaftlichen Organisationen kann die Dialektik von notwendiger individueller Entfaltung und kollektiver Handlungskompetenz in die Praxis umgesetzt werden. Zu diesem Komplex gehört die Ausdehnung/Erweiterung der Praxisfelder über den Betrieb und die Gewerkschaft hinaus auf die Ebene des Wohnquartiers, der Politik, der Ökonomie, der Ökologie, der Medien, der Kultur und Ästhetik.

Literatur

Bilger, Frauke und Rosenbladt, Bernhard von (2012): Weiterbildungsverhalten in Deutschland. AES 2012 Trendbericht. Bonn: BMBF. http://www.bmbf.de/pub/trendbericht_weiterbildungsverhalten_2012.pdf [Zugriff: 20.09.2013]

Brock, A. (1982): „Mitbestimmungsbildung im Kontext von Massenarbeiterbildung." In: Diskurs. Bremer Beiträge zu Wissenschaft und Gesellschaft Nr. 5. Thema: Mitbestimmung zwischen Arbeiter- und Kapitalinteressen. Universität Bremen

Brock, A., Hindrichs, W., Müller, H. D. & Negt, O. (Hrsg.) (1987): Lernen und Verändern. Zur soziologischen Phantasie und exemplarischen Lernen in der Arbeiterbildung. Bibliothek zur Arbeiterbildung, Bd. 1. Marburg: SP-Verlag Schüren

Brock, A., Müller, H. & Negt, O. (Eds.). (1978): Arbeiterbildung. Soziologische Phantasie und exemplarisches Lernen in Theorie, Kritik und Praxis. Reinbek bei Hamburg: Rowohlt Taschenbuch Verlag

Brock, A., Hindrichs, W., Hoffmann, R., Pöhler, W. & Sund, O. (1975): Industriearbeit und Herrschaft. Themenkreis Betrieb, 1. Theorie und Praxis der Gewerkschaften. 2nd. Ed. Frankfurt a. M.: Europäische Verlagsanstalt

Brock, A., Hindrichs, W., Hoffmann, R., Pöhler, W. & Sund, O. (1975): Der Konflikt um Lohn und Leistung. Themenkreis Betrieb, 2. Theorie und Praxis der Gewerkschaften. 2nd. Ed. Frankfurt a. M.: Europäische Verlagsanstalt

Brock, A., Hindrichs, W., Hoffmann, R., Pöhler, W., Sund, O. & R. Welteke (1969): Die Interessenvertretung der Arbeitnehmer im Betrieb. Themenkreis Betrieb, 3. Theorie und Praxis der Gewerkschaften. Frankfurt a. M.: Europäische Verlagsanstalt

Brock, A., Hindrichs, W., Hoffmann, R., Pöhler, W. & Sund, O. (1975): Die Würde des Menschen in der Arbeitswelt. Themenkreis Betrieb, 4. Theorie und Praxis der Gewerkschaften. 2nd. Ed. Frankfurt a. M.: Europäische Verlagsanstalt.

Coenen, H. (1991): „Gewerkschaftliche Bildungsarbeit und die Konzeption ‚Exemplarisches Lernen und soziologische Phantasie' in den Niederlanden." In: Brock, A., Negt. O., Richartz N. (Hrsg.). Bildung – Wissen – Praxis. Beiträge zur Arbeiterbildung als politische Bildung. Köln: Bund Verlag, S. 142–152

Dera, K. (1983): Handlungsorientierte Bildungsarbeit: Qualifizierung von Bildungsarbeitern zur Anwendung arbeitswissenschaftlicher Erkenntnisse. Frankfurt am Main: Campus Verlag

Gaebe, B. (1991): „Lernen nach der Tagesmühe – Brauchen wir Bildungsexperimente? Anmerkungen zu einem unbeendeten Versuch mit einem Volkshochschulheim für junge Arbeitnehmer in Köln." In: Brock, A., Negt. O., Richartz N. (Hrsg.): Bildung – Wissen – Praxis. Beiträge zur Arbeiterbildung als politische Bildung. Köln: Bund Verlag, S. 84–97

Lessing, H. (1976): Jugendpflege oder Selbsttätigkeit. Eine historische Untersuchung zum Verhältnis von Reformismus und Jugendarbeit. Frankfurt am Main: Europäische Verlagsanstalt

Negt, O. (1978): „Marxismus und Arbeiterbildung – Kritische Anmerkungen zu meinen Kritikern." In: Brock, A., Müller, H. & Negt, O. (Hrsg.) (1978). Arbeiterbildung. Soziologische Phantasie und exemplarisches Lernen in Theorie, Kritik und Praxis. Reinbek bei Hamburg: Rowohlt Taschenbuch Verlag, S. 43–86

Negt, O. (1968): Soziologische Phantasie und exemplarisches Lernen. Zur Theorie und Praxis der Arbeiterbildung. Frankfurt am Main: Europäische Verlagsanstalt

Oskar Negt, Adolf Brock, Johann Dvorak und *Günter Brügmann*

Soziologische Phantasie und Exemplarisches Lernen im Rückblick – eine gemeinsame Spurensuche

Brügmann: Ich habe hier die 3. Auflage der überarbeiteten Neuausgabe 1972. Und darin die Schlusspassage von Oskar Negts Einleitung vom Februar 1971. Sie skizziert schon ein wenig das Spannungsfeld in der Auseinandersetzung zwischen Theorie und Praxis bzw. zwischen Praktikern der Erwachsenenbildung und Theoretikern:

> *„Soziologische Phantasie und exemplarisches Lernen ist in vieler Hinsicht eine Vorstudie. Und dort, wo ihr praktischer Gehalt aufgenommen wurde, ist sie auch als theoretischer Begründungszusammenhang für eine Reihe experimenteller Erfahrungen verstanden worden. So kam es vor allem darauf an, das Buch für einen lesenden Arbeiter lesbarer zu machen. Dem dienen die sprachliche Vereinfachung, die sachliche Präzisierung der Grundthesen und die inhaltlichen, über das ganze Buch verstreuten Ergänzungen, schließlich auch das Fremdwörterverzeichnis."*

Soweit die Einführung.

Ich möchte zu Beginn drei Begriffe bzw. Aspekte nennen, die sicherlich auch im weiteren Verlauf des Gesprächs eine Rolle spielen. Das Erste ist der Begriff der Emanzipation, das Zweite der Begriff der Utopie und das Dritte der symbiotische Zusammenhang von Theorie und Praxis in der Bildungsarbeit.

Hildegard Feidel März hat 1978 in ihrem Buch über die Entwicklung der Erwachsenenbildung nach 1945 dazu geschrieben, dass der Begriff „Emanzipation" wieder neu entdeckt worden ist für die Bildungsarbeit nach dem Krieg. Dafür steht beispielhaft das 1968 erstmals publizierte Konzept des „Exemplarischen Lernens" von Oskar Negt, mit dem er Entscheidendes nicht alleine zur Theorie, sondern auch zur Praxis der Arbeiterbildung beigetragen hat. Negt geht es darum, die von den Erfahrungswissenschaften gelieferten Informationen in eine soziologische und politische Interpretation einzubeziehen, „...um sie für den Emanzipationskampf der Arbeiterschaft und für die vernünftige Organisation der Gesamtgesellschaft dienstbar zu machen“ (Zitat Oskar Negt).

Dietrich Burggraf hat schon das Jahr 1966 bei der Begrüßung erwähnt. Ich will nur mit einem ganz kurzen Spot aus den Nachschriften der „Lambrechter Tagung“ die Grundfragen nochmal benennen, worum es geht: „Grundlage des Bildungsprozesses muss die Interessenebene sein. Es geht darum, die Interessen einsichtig zu machen, der Sinn von Arbeiterbildung besteht darin, die Interessen so zu entwickeln, dass dieses Wissen auch zur Anwendung kommt“ (Zitat Oskar Negt).

Hans Matthöfer, damals beim Vorstand der IG Metall Leiter der Bildungsarbeit, sekundiert, dass die Forderung nach und das Wirksamwerden von Selbstbestimmung der Effekt politischer Bildung sein muss.

Peter von Oertzen hat das aufgegriffen und gesagt, exemplarisches Lernen setzt eine bestimmte Vorstellung einer notwendig zu verwirklichenden Gesellschaft voraus. Wenn man in der Bildungsarbeit versucht, die Totalität der Gesellschaft als veränderbare darzustellen, tritt oft die Frage auf, wie denn diese Totalität der Gesellschaft praktisch zu verändern sei. Johannes Weinberg hat dazu gesagt: Der entscheidende Gedanke bei Negt ist, dass man eine realistische Utopie benötigt.

Meine erste Frage an dich, Oskar: Wie bist du eigentlich als jemand, der von seiner Herkunft weder Arbeiter noch gewerkschaftsaktiv war, zu diesem Thema gekommen? Was waren die Stationen, deine Aha-Erlebnisse oder Erkenntnisse, diese Gedanken überhaupt zu entwickeln?

Negt: Das ist natürlich eine große Frage. Ich glaube, dass hier Zufallskonstellationen eine wichtige Rolle spielen. Bei mir war es so, dass ich eigentlich immer in zwei Institutionen studiert habe. Das eine war das Seminar von Adorno und das Institut für Sozialforschung und der zweite Zugang war für mich schon sehr früh die Mitarbeit in der DGB-Bundesschule Oberursel/Taunus.

Ich bin als Student aufgefordert worden, als Assistent in Oberursel bei Herbert Tulatz zu arbeiten. Er begrüßte mich und sagte, du bist jetzt hier ein Jahr Assistent und machst konzeptionelle Hilfsarbeiten für mich, aber es tut mir leid, ich muss leider in drei Tagen nach Afrika gehen. Ich war etwas betroffen und fragte: Wie lange bleibst du denn da? Ja, ich habe den Auftrag von Willi Richter, dem damaligen IBVG-Präsidenten, die afrikanischen Gewerkschaften zu organisieren. Ich sagte, das kann aber etwas länger dauern und wie soll ich … Ich hab nicht die geringste Erfahrung mit irgendwelchen verwaltungsmäßigen Geldern. Ich habe überhaupt gar keine Erfahrung. Da sagte Herbert Tulatz, aber ich meine, ich habe von dir gehört, dass du irgendwie ein Mensch bist, der politisch denken kann. Das ist wichtiger, als alles andere. Du wirst das schon schaffen. Er reiste ab und kam ein Jahr nicht wieder. Hilfe hatte ich dann merkwürdiger Weise durch Bernhard Tacke. Er war CDU-Vertreter im DGB Bundesvorstand, zuständig für Bildung. Er reiste alle drei Monate herum und besuchte die Schulen. Er hat mich immer wieder ermutigt weiterzumachen. Das ist der erste Akt.

Der zweite besteht darin, dass ich meine Aufgabe sehr ernst genommen habe. Es blieb mir auch gar nichts anderes übrig. Ich habe die Kurse der DGB Bundesschule in Oberursel besucht. Dort habe ich festgestellt, dass der Referentenstab, der zur Verfügung stand, zum Teil Staatsanwälte waren, die über Arbeitsrecht berichteten, und zwar in einem Stil, der mir etwas fremdartig erschien. Ich hatte den Eindruck, dass ein großer Teil der Referenten sich überhaupt nicht dafür interessierte, dass aus Arbeitern klassenbewusste Kämpfer werden, sondern sie haben die Zeit da verbracht und Geld damit verdient. Ich habe mich in die Kurse geschlichen mit der Begründung, dass ich von ihnen lernen wollte. Da ich Assistent und Student war, war das auch begründet. Da hat sich bei mir die Idee gebildet, es müsste mal der Versuch gemacht werden, Lernen anders zu organisieren. Da kam die Idee des emanzipativen Lernens. Was bedeutet das eigentlich didaktisch? Es stellte sich für mich eine sonst der Frankfurter Schule eher fremdartige Frage nach der Umsetzung. Das galt doch eher als eine Verflachung der Gedanken (bis heute).

Das heißt, es bildete sich eine Erfahrung eigener Art. Wir hatten auch Lehrgänge mit Algeriern mit Übersetzung. Das Übersetzungsproblem war für mich zentral und ich las damals Luther, diesen „Sendbrief vom Dolmetschen“, in dem er fragt, wie man eigentlich aus dem Griechischen oder Hebräischen übersetzt? Man muss wahrscheinlich dem Volk aufs Maul schauen. Das konnte ich ja nun nicht sagen in der Arbeiterbildung. Da war aber der Bildungszusammenhang, die Interessen und der Assoziationshorizont der Leute miteinzubeziehen in die Didaktik. Das habe ich dann verschiedentlich auch. Da ich ja Leiter dieser Schule war, konnte ich sagen, also ich mache mal eine Stunde und versuche mal, das anders zu machen.

Das ist eigentlich der Motivzusammenhang gewesen für das exemplarische Lernen und ich bin natürlich verblüfft gewesen, welche Bedeutung das hat. Es gab bis zu 60.000 Exemplare des Buchs. Ich meine, das ist heute nicht mehr vorstellbar, dass ein im Adornostil geschriebenes Buch, das ich immer wieder verändern wollte, das mir aber nie geglückt ist und irgendwie war ich zufrieden, dass wenigstens einer es verstanden hat. Nämlich Adolf Brock als lesender Arbeiter. Das ist der praktische Lebenszusammenhang.

Der dritte Punkt war aufgrund der guten Erfahrungen mit gewerkschaftlichen Institutionen. Ich sagte Hans Matthöfer, bei dem ich Assistent war, als er aus Amerika kam, ich würde gerne Lehrer werden. Da, in einer Schule. Er sagte, gut, das ist eine gute Idee. Ich stelle dich dem zuständigen Vorstandsmitglied vor, das war damals Alois Wörle. Wir marschierten zu Wörle, setzten uns hin und Hans holte aus und sagte: Ich habe hier einen sehr begabten Menschen, der würde gerne Lehrer an einer Gewerkschaftsschule werden, das wäre doch ein großer Gewinn. Er ist Soziologe und versteht was davon. Da war ein ziemlich langes Schweigen bei Wörle, was auf nichts Gutes hindeutete, und da hat er nur gesagt: „Hans, ich glaube, Soziologen brauchen wir hier nicht in der Gewerkschaft.“ Da sind wir abgezogen und Hans sagte: „Das hat der nicht so gemeint ....“ Natürlich, der hat das genau so gemeint, wie er es gesagt hat. Da war meine Gewerkschaftskarriere eigentlich beendet, bevor sie richtig angefangen hat.

Brügmann an Adolf Brock: Wie bist du als lesender Arbeiter in den Kontakt gekommen? Wie hat die Verlinkung stattgefunden zwischen Praktikern der politischen Erwachsenbildung, Arbeiterbildung und Oskar Negt? Diese sozialwissenschaftliche Vereinigung, wie ist das zustande gekommen? Wer hat bewegt, wer war durch Zufall dabei?

Brock: Ehe ich auf Wolf Gunters Fragen antworte, eine kurze Notiz zu meiner Person: 1932 geboren in Geseke/Westfalen, in einer katholischen proletarisch-handwerklich geprägten Großfamilie mit sechs Geschwistern aufgewachsen. Schule im Krieg. In der Katholischen Jugend von 1945 bis 1955 war ich zunächst in der Jungschar und dann in der Schar aktiv. Die Schar war der Erbecker Jugendbewegung verpflichtet. Ich wurde Gruppenleiter ab 1948. Nach der Schule 1947 absolvierte ich eine Handwerkerlehre als Stellmacher und arbeitete nach Beendigung der Lehre ein Jahr als Zimmerer, Einschaler und Eisenflechter. 1951 ging ich ins Ruhrgebiet nach Duisburg, arbeitete einige Monate bei der Leitung der Schar und begann Anfang 1952 bei der Berzelius Metallhütten GmbH in Duisburg – einer Zinn- und Zinkhütte – als Kranführer. Für die Kollegen unserer Gruppe, die im Betrieb arbeiteten, gehörte es dazu, in der Gewerkschaft und in der Interessenvertretung zu arbeiten. Ich wurde Mitglied der IG Metall. Nach einem Jahr wurde ich zum Jugendvertreter gewählt. Dadurch kam ich auch in den Jugendausschuss der IGM-Verwaltungsstelle Duisburg. In der IG Metall habe ich ehrenamtliche Funktionen bis 1963 wahrgenommen: Vertrauensmann, Vertrauenskörperleitung, Delegierter, Mitglied der Ortsverwaltung der IG Metall als Vertreter des Jugendausschusses.

Durch meine Gewerkschaftsfunktionen konnte ich auch mehrere Bildungskurse an Schulen der IG Metall und des DGB besuchen. Im Betrieb wurde ich 1956 Betriebsratsmitglied, 1957 Betriebsratsvorsitzender für drei Perioden bis 1963, gleichzeitig wurde ich als einer von vier Arbeitnehmervertretern nach dem Betriebsverfassungsgesetz in den Aufsichtsrat der Frankfurter Metallgesellschaft gewählt. Die Metallgesellschaft war zu der Zeit der führende Nichteisen-Metallkonzern in Westdeutschland. Die Duisburger Metallhütte in Westdeutschland gehörte zu dem Konzern.

Zu W. G. Brügmanns Fragen: Ehe ich Oskar persönlich kennen lernte, Anfang 1960, hatte ich schon von ihm gehört, und zwar von Monika Mitscherlich-Seifert und von Wolfgang Hindrichs. Wolfgang Hindrichs lernte ich zufällig bei einem Buchhändler Braun in Duisburg kennen. Braun hatte Walter Jens zur Lesung eingeladen. Nach der Lesung gab der Buchhändler ein Essen für gute Kunden. Wolfgang Hindrichs war auf Vorschlag von Walter Jens auch eingeladen. W. H. war Duisburger und im Rahmen der

Lehrerausbildung zum Referendariat nach Duisburg zurückgekommen. Er war zu dieser Zeit im SDS – dem Sozialistischen Studentenbund – sehr aktiv. Es war die Zeit vor der Vorbereitung des Godesberger Parteitages.

Wir trafen uns in der nächsten Zeit regelmäßig und diskutierten die politische Lage. Wolfgang Hindrichs fragte mich, ob ich Peter von Oertzen kennen lernen wollte. Wer Peter von Oertzen war, wusste ich aus der Presse. Ich hatte ihn erlebt, als er den Preis der Hans-Böckler-Gesellschaft erhielt. Nach und nach lernte ich auch die anderen Mitstreiter von Peter von Oertzen kennen: Jürgen Seifert, Manfred Heckenauer, Monika Mitscherlich-Seifert, Oskar Negt, Thomas von der Vring. Die Arbeitsbasis der Gruppe war der Sozialistische Studentenbund SDS, zum Teil die SPD. Es bestanden aber auch Kontakte zu britischen jungen Gewerkschaftern und zur Bildungsarbeit der Gewerkschaften.

1959 entstand der Elzer Kreis als Diskussionsgruppe jüngerer sozialistischer Intellektueller und Wissenschaftler. Nach einer gewissen Zeit wurde in dem Kreis diskutiert, wie seine Arbeit verbreitert werden könnte und welche Möglichkeiten zu entwickeln seien. Es sollte nicht mehr nur auf die SPD gesetzt werden, sondern mehr auf die Gewerkschaften, die Betriebsräte und Jugendorganisationen eingegangen werden: Fragen der Arbeit, der doppelten Interessenvertretung im Betrieb, Gewerkschaften, Betriebsrat und die stärkere allgemeine Vertretung von Arbeitnehmerinteressen in der Öffentlichkeit, in Gesellschaft und Staat durch die Gewerkschaften. Ausbau der Mitbestimmung der Arbeiter und Angestellten auf allen Ebenen, auf denen Arbeiter-, Angestellten- und Lohnarbeiter-Interessen betroffen sind. Ich wurde nach weiterer Prüfung zu dem „Kreis“ zugelassen, denn meine Erfahrungen passten in die diskutierten Zielperspektiven.

Es wurden zwei Projekte in Angriff genommen, die Vorbereitung einer Betriebszeitung und eine programmatische Schrift zur Verbreiterung der Diskussionsbasis. Die Betriebszeitung sollte den Titel haben „Offen gesagt“, die Schrift „Antworten von links“. Inzwischen war Einverständnis erzielt worden, dass für die weitere Arbeit eine materielle Grundlage geschaffen werden musste. Diskutiert wurde die Gründung einer Verlagsgenossenschaft. Die kam nicht zustande, da der Genossenschaftsverband, der eine solche Gründung zu genehmigen hatte, die Bedingungen so hoch setzte, dass sie nicht erfüllt werden konnten.

Stattdessen wurde 1960 die „Sozialwissenschaftliche Vereinigung e. V. Duisburg“ gegründet, die organisatorische Basis war in Duisburg. Die Gründung einer Betriebszeitung erwies sich als schwierig. Um die Arbeit nicht ganz verlaufen zu lassen, wurden die „Arbeitshefte der Sozialwissenschaftlichen Vereinigung“ gegründet. Trotz der niedrigen Auflage – 500 bis 1000 Hefte je nach Thema – war sie für die damalige Zeit ein wichtiges Diskussions- und Informationsorgan zu Gewerkschafts- und Interessenvertretungsfragen.

Dem Programmprojekt „Antwort von Links“ war in der geplanten Form kein Glück beschieden. Es kam über das Planungsstadium nicht hinaus.

Es wurde weiter diskutiert und wir einigten uns auf die Ausarbeitung von Themenheften zu Grundfragen: zum Arbeitsrecht, zu Fragen der gewerkschaftlichen Bildung und Arbeiterbildung, zu Wirtschaft und Selbstverwaltung, zur gewerkschaftlichen Organisation und Gegenmacht. Oskar übernahm das „Bildungsthema“, Reinhard Hoffmann die „Arbeitsfragen“, Thomas von der Vring „Wirtschaft und Selbstverwaltung“, Hans Peter Riesche und ich das Thema „Organisation und Gegenmacht“.

Erschienen sind zwei Hefte: 1968 Oskar Negt „Soziologische Phantasie und exemplarisches Lernen“ und Reinhard Hoffmann „Rechtsfortschritt und Gegenmacht“ in der Europäischen Verlagsanstalt Frankfurt am Main.

Das Heft „Wirtschaft und Selbstverwaltung“, dessen Ausarbeitung Thomas von der Vring übernommen hatte, wurde fertig, aber nicht veröffentlicht. Das Heft von Hans Peter Riesche und mir blieb Fragment. Ein Vorteil für die nächste „Stufe“ der Arbeit der „Sozialwissenschaftlichen Vereinigung“ war, dass die Arbeitnehmer im Aufsichtsrat die gleichen Vergütungen bekamen wie die Vertreter der Kapitalseite. Wie der einzelne Kollege seine Gelder verwendete, war ihm selbst überlassen. Es gab noch keine „Abführvereinbarungen“, den überwiegenden Teil zu spenden. Ich habe Kollegen geholfen. Finanziert habe ich auch die erste Veröffentlichung der von Konrad Frielinghaus u.a. erarbeiteten Studie zur „Belegschaftskooperation“. Die zweite überarbeitete Fassung der „Belegschaftskooperation“ haben wir 1964 in den „Arbeitsheften“ veröffentlicht. Der Hauptteil meiner Spenden kam der Arbeit der Sozialwissenschaftlichen Vereinigung zugute.

Brügmann: Gut, das waren sozusagen einige Hintergründe. Jetzt einmal auf der praktischen Ebene; wir wollen mal einen politischen Sprung machen: Soziologische Phantasie – exemplarisches Lernen als Politikum. Im Grunde genommen war es auch als ein Konzept angelegt mit der Intention, die man Massenbildung versus Funktionärsbildung nennen könnte. Es ist später zum Teil eingemündet in die betriebsnahe Bildungsarbeit und in die Bildungsobleutebewegung der IG Metall. Aber es bedeutete auch eine Reduktion des Konzepts auf Organisationsinteressen, der Organisation im Sinne von Funktionärsschulung. Dann kam die Phase, dass die betriebsnahe Bildungsarbeit und Mitbestimmung am Arbeitsplatz innerhalb der IG Metall gebannt wurde und ihr beide im Grunde genommen ausgegrenzt wurdet. Erst vor ein paar Jahren gab es eine Art Rehabilitierung und Wiedereinladung und so eine Form von später Versöhnung.

Brock: Eine Ergänzung. Die Lambrechter Tagung ergab, die Publikation von Oskar ist in Ordnung als Grundlage, aber sie muss ergänzt werden, damit die Kollegen sie auch lesen und wir sie in der Arbeit verwenden können. Daraus entstand der zweite Themenkreis für die Arbeitshefte. Es waren immerhin fünf Hefte mit einer Auflage von insgesamt ca. 400.000.

Negt: „Arbeit und menschliche Würde" war dabei, „Arbeit und Herrschaft", „Lohn und Leistung" und es war noch eine fünfte Publikation, die im Entwurf fertig war. Sie sollte aber überarbeitet werden, weil gerade Michael Schumanns Untersuchung zur Veränderung der Technologien vorlag. Diese sollte neu gemacht werden. Dieses ging dann im Abbruch der betriebsnahen Bildungsarbeit nach Otto Brenners Tod 1972/73 unter.

Brügmann: Ich habe da noch eine kurze Frage: Wie habt ihr es erlebt und empfunden nach dem ersten Aufbruch?

Negt: Naja, es war ja so, dass mit zunehmendem Alter damals die politische Naivität nachgelassen hat. Dass die Erwartungen in dem begrenzten Zusammenhang, in dem überhaupt solche Konzeptionen umsetzbar sind, geringer wurden. Ich rede da ja wirklich wie ein Revolutionär. Das ist auch ein bisschen der Freundschaft gegenüber Karl Marx gedient. Das ist pathetisch, ja. Für mich war es auch irgendwie ein Nebenunternehmen. Ich habe ja auch noch andere Sachen gemacht. Die Grundidee habe ich jedoch nie für mich in Zweifel gezogen. Also die Lernprozesse müssen stets an den Interessen der Lernenden ansetzen. Wie sollte es anders sein. Deshalb, diese Träufelmethode, Trichtermethode nannte ich sie immer, der damaligen DKP. Sagen wir mal, man muss erst die richtige Gesellschaftsanalyse ausbreiten. Die tröpfelt dann in die Interessen der einzelnen rein und verändert die Leute. Für mich war das nie eine Konzeption gewesen, die tragfähig ist. Es erweist sich ja auch, dass auch meine Feinde immer stärker allmählich diese Position übernehmen. Aber jetzt nicht, um mich zu zitieren, sondern um das als originelle Einsicht zu vermitteln. Wenn die IG Metall mich einlädt, eine Tagung zur Utopie zu eröffnen, dann ist das natürlich innerlich ein Triumph für mich. Das bezeichnet nicht nur eine individuelle Konstellation, sondern dass bestimmte Grundgedanken der Arbeiterbildung richtig sind. Irgendwann kommt die Zeit, dass eben sehr viele Menschen sehen, das ist eine richtige Konzeption. Dennoch, sie alleine reicht nicht aus. Wir waren ja auch darum bemüht, Arbeitshefte zu machen. Also ich bin nicht enttäuscht, ganz im Gegenteil. Das Konzept hat acht Qualitätsphasen erfahren bis in die Schule hinein und die Schule ist ja gewissermaßen das zweite didaktische Standbein in dieser Konzeption.

Brügmann: Der lange Weg der Konzeption – es ist ein historisch langer Weg, aber es ist auch räumlich ein nicht kurzer Weg wie z. B. nach Österreich. Genosse Dvorak, wie ist der Funke nach Österreich gekommen?

Dvorak: Das kann ich in zwei Absätzen skizzieren.

Erster, persönlicher Absatz: Ein Beispiel, wie Theorie wichtig sein kann für isolierte Individuen. Österreich in den 1960er Jahren war entsetzlich, ich kann mich dran erinnern. Ich komme aus einer Arbeiterfamilie, aus einem Arbeiterviertel und da gab es einen Zeitungskiosk am anderen Ende des Bezirks. Dort gab es den „Monat“. Den Älteren wird das noch was sagen. Eine Kulturzeitschrift, und das erschien einem Österreicher als geradezu quasi radikales Gedankengut im Vergleich zu dem, was es in Österreich gab. Ich habe mit etwa 17 Jahren Adorno gelesen. Es waren „Die Eingriffe“, das war der erste Text. Ich kann nicht bestätigen, dass das unlesbar gewesen wäre. Ich hab das aufgesogen, für mich war das wunderbar. Ich war gestärkt für Auseinandersetzungen mit Lehrern und so weiter. Ich habe das oft auch zitiert. Das hat mich gestärkt. Ich habe mich getraut, etwas zu sagen.

Und das Zweite war – ich komme gleich auf die soziologische Phantasie – ich habe weiter Bücher gelesen und bin im zarten Alter von circa 24 zum Obmann des sozialistischen Studentenverbandes Österreichs geworden. Dort hab ich eine linke Gruppierung vertreten, die sich orientiert hat am „Sozialistischen Büro Offenbach". Es war völlig abartig. Wir mussten den meisten erst erklären, wo Offenbach liegt. Ich habe viel gelesen, auch die Erstausgabe der „Soziologischen Phantasie" von Oskar Negt, aber auch das „Buch über Lehrlinge". Insofern war ich immer ein unnatürlicher Wiener, der auch Schriftsteller und Intellektuelle gelesen hat, ohne sie persönlich zu kennen. Normalerweise kennt man die Leute in Wien aus dem Kaffeehaus, aber nicht, was sie geschrieben haben.

Ein weiterer Punkt war die sozialistische Berufspraxis. Wir waren eigentlich gewohnt – das ist auch eine österreichische Besonderheit, auf die ich hinweisen muss – dass in Österreich die Linke in der sozialistischen Partei konzentriert war und dort war sie schwächlich. Aber es gab sie. Die Gewerkschaft galt traditionell als rechter Block, aber das habe ich rasch verstanden, dass das nämlich von daher gekommen ist, dass die Linken meistens bürgerlicher Herkunft waren, nicht gearbeitet, sondern nur von den Schecks gelebt haben. Daher war ihnen die Gewerkschaft fremd und die Gewerkschaft galt als rechts. Die Gewerkschaft war ungemein theorielos. Ich bin aus der Schule herausgegangen und habe gearbeitet und Geld verdient. Ich war mit 16 Jahren das erste Mal Gewerkschaftsmitglied. In der Folge war ich immer, wenn ich gearbeitet habe, Gewerkschaftsmitglied verschiedener Gewerkschaftsbetriebe. Und daher war es etwas völlig Abartiges, als Obmann der sozialistischen Studenten gewählt zu werden – ich glaube, ich war der Erste, der aus einer Arbeiterfamilie gekommen ist, soziologisch gesehen, der Gewerkschafter war, der Gewerkschaft und gewerkschaftliche Tätigkeit aus Betrieben gekannt hat. Ich war der Erste, der Kontakt zu Gewerkschaften hergestellt hat und mit denen politisch diskutiert und später auch in der Gewerkschaft tätig war. Sozusagen die Grundlage für das, was ich gemacht habe, war lustigerweise das, was ich mir aus Büchern angelesen habe.

Noch kurz die drei Begriffe, die mir geblieben sind und die ich immer wieder propagiert habe. Etwa „überfraktionelles Bewusstsein“. Das heißt, dass man eben nicht ausgeht von der sicheren Wahrheit, die man in scholastischer Weise irgendwie errungen hat und dann den anderen aufoktroyiert. Zweitens: „überfraktionelle Politik“. Man ist in der Lage, mit verschiedenen Personengruppen Institutionen, auch Bündnisse zu schließen; im Alltag und in der Alltagspolitik. Weil man nicht engstirnig sozusagen einer Sekte, einer Wahrheit angehört. Und das Dritte war die Schaffung von einem krisenunabhängigen politischen Bewusstsein. Nämlich die Fähigkeit, auch nach Niederlagen etwas zu wissen, evtl. sogar die Ursache der Niederlage analysieren zu können und in der Sache dabeizubleiben und nicht zu resignieren. Da wäre jetzt die Bitte von mir, ob Oskar dazu aus der Konzeption etwas sagen könnte?

Negt: Das überfraktionelle Bewusstsein ist eine Prägung von mir. Ich hatte das gar nicht mehr im Kopf. Dass das auch verbunden ist mit der Aufteilung der Gesellschaft in Handlungsfelder. Die verschiedenen Handlungsfelder waren die Konzeption des sozialistischen Büros in Offenbach, wo wir versucht haben, das, was Sozialismus ist, gewissermaßen als ein praktisches Problem zu definieren. Das heißt ein praktisches Problem der Veränderung des Bewusstseins und der politischen Entwicklung, der politischen Urteilskraft. Im Unterschied zu der Autoritätsgebundenheit verschiedener Linker. Als ich 1972 eine Gastprofessur in Wien hatte, habe ich, glaube ich, 100 Vorträge gehalten. Überwiegend bei den Trotzkisten, weil die unter sich Fraktionen hatten. Also wo zwei zusammen waren, haben sie zwei Fraktion gebildet. Das heißt die völlige Zerfaserung auch der Oppositionellen dieser Zeit. Ich glaube, dieses sozialistische Büro mit dem erfahrungsbedingten Lernen, das spielte hier eine große Rolle für die Krisenbewältigung innerhalb bestimmter Handlungsfelder. Damals entstand im Grunde die Idee, aus Krisenherden Handlungsfelder zu machen. Also nicht gewissermaßen die große Analyse zu machen und, wenn man die macht, steht man davor und kann eigentlich nicht handeln. Man weiß nicht die New Yorker Börse zu bekämpfen, ist ja nicht so ganz einfach und in der Regel nicht erfolgreich. Aber man kann sehr wohl etwas verändern innerhalb eines Erziehungsprozesses, einer Schule oder anderer politischer Zusammenhänge. Das heißt, Politik als einen Produktionsprozess zu begreifen und nicht als einen der Verteilung von Meinungen. Das war eine wichtige Konzeption dieser Konstruktion des Offenbacher Büros.

Brügmann: Ich hätte jetzt dazu zwei Fragen: eine praktische und eine theoretische. Die theoretische ist vielleicht in dem Zusammenhang spannend: die Frage der Dialektik von Theorie und Praxis. Du hast gesagt, die Wahrnehmung dieser theoretischen Ebene ist in einer isolierten Situation sehr hilfreich. Diese Frage, das Verhältnis von Theorie und Praxis, spielte auch in Lambrecht eine Rolle in einer Debatte, die auch von Matthöfer angestoßen wurde.

Zitat der Antwort von Oskar Negt auf Matthöfer:

„Die Intention meines Referats ist einmal eine gewisse Distanz zur Praxis. Die theoretische Distanz von einer allgemeinen Theorie ist notwendig, um erst mal zu kristallisieren, was notwendig ist, um gesellschaftskritisches Bewusstsein zu vermitteln. Man sollte sich theoretischer Fragestellung nicht verschließen.“

Und an einer anderen Stelle dann der Satz von dir:

„Arbeiterbildung, so jedenfalls hier im Protokoll vermerkt, bzw. Theorie hat dann Prioritätencharakter, wenn die Praxis vernachlässigt wird.“

Das ist eine Dialektik.

Negt: Ja. Ich meine, der Dialektik-Begriff ist nicht mehr gängig. Zwei Dinge, die weder identisch noch zu trennen sind. Weder identisch noch zu trennen wird heute bedacht mit dem Begriff der Ambivalenz oder der Mehrwertigkeit. Wir haben orthodox und in marx'scher Dialektik und hegel'schen Kategorien gedacht und deshalb ist auch das Verhältnis zwischen Theorie und Praxis ein dialektisches. Es ist nicht so, dass nur jene Theorie praktisch relevant ist, die umsetzbar ist. Ich betone die Distanz deshalb, weil der Wahrheitsanspruch der Theorie durch eine bloße Funktionalisierung der Theorie verloren geht. Nicht alles, was Theoriebewusstsein enthält, ist deshalb unpraktisch.

Es ist zufällig auch ein Satz von Adorno, der das reflektiert. Das ist wahrscheinlich die letzte Schrift von ihm, über Dialektik von Theorie und Praxis. Der sagt, im Grunde muss Theorie auch dazu dienen, gewissermaßen die Wahrheitshaltigkeit der Analyse der Begriffe festzuhalten. Theorie ist selber eine Form der Praxis. Was wir in der Zeit erlebt haben, in dieser Zeit, in der es darum ging, wie Theorie und Praxis miteinander vermittelt werden können, war, dass Theorie im Grunde etwas war, was unter praktischen Gesichtspunkten lief. Dieses Spannungsverhältnis der Dialektik haben wir – das gilt eigentlich für alle, die sich am sozialistischen Büro orientierten oder an der emanzipativen Arbeiterbildung – festgehalten.

Brügmann: Die Wahrnehmung des Konzepts aus der Ferne, davon hast du schon berichtet. Aber dabei ist es ja nicht geblieben, ihr seid ja auch real zusammengekommen. Wie hat das stattgefunden, und wie kam es zu dieser langfristigen Zusammenarbeit?

Dvorak: Also ich muss sagen: zunächst einmal waren es die beiden gar nicht, sondern jemand ganz anderer, nämlich Jürgen Seifert. Apropo: Adorno hat in Österreich nie an einer Universität vortragen dürfen. Zwei oder dreimal war er an der Universität in Wien, aber immer eingeladen von den sozialistischen Studenten. Es war nie die Institution Universität, sondern nur der Ort. Die Universität als Institution hat ihn nie eingeladen, weder in Wien noch in Graz.

Wenn ich mich richtig erinnere, bin ich eigentlich nach Bremen gekommen und habe euch dort leibhaftig kennen gelernt. Wie, weiß ich auch nicht mehr genau. Das ist das alternde Gedächtnis. Aber dann gab es etwas, nämlich immer wieder Versuche, auch von Amts wegen – ich war damals Leiter der Abteilung Erwachsenenbildung im Wiener Unterrichtsministerium und wir hatten eine nachgeordnete Dienststelle des Instituts für Erwachsenenbildung in Strobel. Wir haben da eigentlich über dieses Institut auch kooperiert und so einen Zusammenhang hergestellt.

Das zweite war, über gewerkschaftliche Bildungsarbeit, d. h. das Bemühen, dass man Stücke der Theorie vermittelt. Ich habe damals Skripte geschrieben, um Staat und Verfassung einmal unter politischen und nicht nur juristischen Aspekten zu betrachten. Denn damals haben Juristen im

Arbeitsrecht dominiert. Ich glaube, das waren die Anfänge der Kooperation. Bis dahin, dass wir dann bei dem gemeinsamen Europäischen Projekt mit dem ÖGB auch Weiterbildungsseminare usw. gemacht haben.

Brock: Die Kontakte mit Österreich entwickelten sich von 1972 an kontinuierlich. Es begann mit einem Vortrag von Oskar Negt in Wien, bei dem auch Bundeskanzler Bruno Kreisky anwesend war. Oskar bekam danach eine Einladung der gerade neu gegründeten österreichischen Gesellschaft für Politikwissenschaft. Er hatte selbst keine Zeit und sagte nur: „Fahr' du hin."

Ich sollte über die „Politische Bildung" in Deutschland referieren. Aus diesen Begegnungen ergaben sich weitere Arbeitsbeziehungen zum österreichischen Gewerkschaftsbund, dem österreichischen Berufsfortbildungswerk, der sozialistischen Jugend, seit 1986 auch zum Bundesinstitut für Erwachsenenbildung St. Wolfgang/Strobel und damit zum Bildungsministerium.

Die österreichischen Jungsozialisten haben als erste eine Schrift zur „Soziologischen Phantasie und exemplarischem Lernen" herausgegeben. Du, Hans, hast dann vom Ministerium aus die Tagung zur Erwachsenenbildung in Wien organisiert. Seitdem wurden die Arbeitsbeziehungen noch dichter.

Dvorak: Ja, da kann man auch die österreichischen Verhältnisse betrachten. Wir haben voneinander nichts gewusst und wissen das bis heute nicht so recht. Aber wenn ich nach Deutschland komme, erfahre ich, was damals alles parallel existiert hat.

Brock: Dann wurde es zunächst aufgenommen, von den Jungsozialisten. Wie heißen die bei euch? Die haben das erste Heft mit der Zusammenstellung herausgegeben und Oskar hatte dann gesagt: „Fahr du da nochmal hin." Das war Josef Butschik, nehme ich an. Du kamst dann ja ins Ministerium und hast dann diese Tagung in Hitzing gemacht. Kannst du dich noch erinnern?

Dvorak: Ja, da habe ich dich interviewt. Im Schönhuber Parkhotel. Parallel passierte in Kopenhagen Ähnliches, mit der Übersetzung und Übernahme der Schrift von Oskar Negt. Das Gleiche dann in Holland. Die nächste Stufe war dann, den internationalen Arbeitskreis zu gründen. Dazwischen lag die 1986 mit Josef Weidenholzer in Linz organisierte Tagung, 20 Jahre später. Da hat Oskar seine Überlegungen zu den Kompetenzen vorgetragen. Von da an entstand ein gewisser internationaler Kontext.

Negt: Naja, ich meine, das artet jetzt ein bisschen in Erinnerungsphasen eines Klassentreffens aus. Aber ich halte das für sinnvoll, dass man so einen Raum hat, in dem das sichtbar wird, woher gewisse Konzeptionen kommen. Denn das ist ja nicht einfach ausgedacht. Dieses Buch und manches andere ist nicht eine reine Schreibtischarbeit. Die Hauptarbeit ist, Erfahrungszusammenhänge auf ein theoretisches Niveau zurückzubringen, und das bedeutet natürlich eine Verallgemeinerung, die in der Tat für viele Menschen dann auch einen Halt bietet.

Brügmann: Das bedeutet aber auch, erst einmal diese Erfahrung zu machen oder zu produzieren. Die Laborarbeit, die nicht nur eine Laborarbeit der eigenen Arbeit ist, sondern dass die daran Beteiligten selbst in unmittelbaren Lernprozessen stehen.

Negt: Ich meine, unsere Konzeption des exemplarischen Lernens in ihrer politischen Dimension ist ja auf die Bildung von gewerkschaftlichen Vertrauensleuten gerichtet. Der Schwerpunkt war die Konzeption für die Bildungsobleute. D. h., nicht die Funktionäre zu bilden, sondern gewerkschaftliche Basisinstitutionen in den Betrieben zu schaffen. Sie sollten nicht einfach nur ihre politische Tätigkeit ausüben, sondern andere bilden. Die Weiterbildung sollte so eine Art Kettenreaktion auslösen.

Brügmann: Wie habt ihr aber in dem Zusammenhang Folgendes verarbeitet oder reflektiert? Kollege Dvorak hat schon Adler zitiert mit „studiert, studiert, studiert“. Ich denke an die Phase der Sechs-Wochen-Kurse. Der längeren Lehrgänge auch hier in Hustedt, die darauf gerichtet waren, Leute aus den Betrieben zu qualifizieren. Diese sollten qualifizierte Interessenvertretungen aufbauen und vermitteln. Sie haben aber irgendwann gemerkt, dass das ein hervorragendes Instrument ist, aus dem Moloch des

Betriebs herauszukommen und über den Weg dieser Lehrgänge, über den zweiten Bildungsweg einen Hochschulzugang ohne Abitur zu erwerben. Sie haben gewerkschaftliche Bildungsarbeit genutzt als Sprungbrett, um auch aus dem Betrieb in eine neue Lebensphase zu kommen.

Negt: Das ist aber ein natürlicher Gang, also gerade wenn man wie ich aus bäuerlichen Kreisen kommt, gewissermaßen eine nächste Stufe erobern möchte. Das gehört zur Natur des Menschen, das muss man nicht besonders begründen. Das heißt, der individuelle Aufstieg aufgrund kollektiver Zusammenhänge, den du skizzierst, liegt in der Natur des Menschen. Und trotzdem nahm das eine Form an, die dann für die Apparate bedrohlich war. Denn derjenige, der diese Konzeption kaputt gemacht hat, war Otto Brenner selbst. Als man merkte, dass auf den Gewerkschaftstagen immer mehr Leute auftraten, die in unserem Umfeld sich gebildet haben, wurde es politisch gefährlich. Diese Konzeption ist Anfang der 70er Jahre bekämpft worden und wurde dann nach Brenners Tod nicht weiter verfolgt. Die Gewerkschaften wären gut beraten gewesen, wenn sie diese Konzeption weiterverfolgt hätten. Denn ich meine, das Problem der Gewerkschaften, dass sie auch die betriebliche Verankerung nicht mehr als gesichert betrachten können, zeichnet eine Entwicklung, in der es sehr gut gewesen wäre, die Bildungszusammenhänge in den Betrieben zu benutzen als eine Verankerung betrieblicher Interessen. Auch, um sie im Sinne einer Kritik in der Unternehmenspolitik zu verstetigen.

Brügmann: Das kulminierte hier in Niedersachsen nochmal sehr spät in dem Konflikt in der IG Chemie mit diesem berühmten Satz von Plumeier: „Kollegen, nehmt diese Gewerkschaft wieder in eure eigenen Hände, überlasst sie nicht den Funktionären in Hannover". Das war sozusagen noch einmal das letzte Aufbegehren dieser Bewegung: Gewerkschaft ist die Gewerkschaft der Kollegen von unten. Den Ausgang kennen wir.

Brock: Da kam eine zweite Sache hinzu. Ich habe ja den kleinen Aufsatz veröffentlicht: „Mitbestimmungsbildung als Basis für Massenbildung". Da gab es sofort eine Reaktion von Hermann Rappe, obwohl er damals, als ich 1964 in Hustedt war, mit dafür gesorgt hat, dass ich zwei Monate bezahlt werden konnte. Er hat auf einer Vertrauensleutekonferenz gesagt: „Massenbildung brauchen wir nicht!"

Nach 1972 musste sich die Konzeption dann gegenüber anderen behaupten. Neben dem sozialistischen Büro wurde das Konzept vor allen Dingen in der Jugendbildung aufgenommen. Auch von den Jugendhöfen. Hinrich Oetjen ist ja hier. Er weiß, wie dann die Geschichten gelaufen sind. Das war ein langer Prozess. Es war immer auch ein Abarbeiten und wir mussten uns anderen Anforderungen stellen. Da kommen dann natürlich bestimmte Konstellationen zustande. Z.B., dass ich nach Bremen kam und in Bremen die Möglichkeit bestand, den Kooperationsbereich in der Breite zu etablieren. Da hat es auch bestimmte Widerstände gegeben. Es hat z.B. bei einem der Jugendkongresse eine Diskussion gegeben, wie es im DGB weitergehen sollte. Da haben sie zwei Stunden darüber diskutiert, ob ich als einer der Referenten reden dürfte. Nachher war der Kompromiss: lasst ihn reden, aber nicht bei uns, bei der IG Metall. Beim DGB kann er reden. Das hatte für mich zur Folge, dass ich fast 15 Jahre an der Gewerkschaftsschule in Sasel unterrichten durfte. Aber nicht bei der IG Metall.

Brügmann: Wir kommen allmählich zum Schluss.

Wir haben es bis jetzt sehr fokussiert auf den Gewerkschaftsbereich. Welche Bedeutung hatte das Konzept bzw. die damit verbundenen Ideen für die Volkshochschulen?

Negt: Das könnte ich jetzt nicht am Beispiel sagen. Wo ich rede, hat es eine hohe Bedeutung. Also das Publikum, das vor mir ist, nimmt das sehr intensiv auf, was ich sage, aber mehr kann ich nicht sagen. Das Orientierungsbedürfnis ist einfach gewaltig gewachsen.

Christine Zeuner

Gesellschaftliche Kompetenzen als Grundlage emanzipativer politischer Bildung und politischer Partizipation[1]

> „*Es handelt sich um eine Krise, die man vielleicht als Erosionskrise der kulturellen Gegebenheiten bezeichnen kann. Eine Krisensituation, mit der die Menschen auf die gewohnte Weise nicht mehr umgehen können, d.h. auf der Basis dessen, was sie gelernt haben, darüber hinaus aber noch nicht genau wissen, was stabile neue Orientierungen sind"* (Negt 1986, S. 33).

So Oskar Negt 1986 bei einem Vortrag in Linz, als er anlässlich der Tagung zu 25 Jahre „Soziologische Phantasie und exemplarisches Lernen" gebeten wurde, zur Aktualität und Zukunft des Ansatzes zu sprechen. Er überraschte seine Zuhörerschaft mit einer Differenzierung und Erweiterung der Konzeption, die neue gesellschaftliche und politische Entwicklungen berücksichtigte, die sich in der Mitte der 1980er Jahre abzeichneten.

Als besonders wirkmächtig erschienen Negt das Erstarken des Konservativismus in Politik und Gesellschaft, den er als Entkollektivierung der Interessen der Arbeitnehmerinnen und Arbeitnehmer, als mikroskopische Angriffe auf den Sozialstaat und als Verlust bzw. die Umwandlung von Rechten charakterisierte (Negt 1986, S. 34). Sein Vortrag beinhaltete gleichzeitig eine – vorsichtig formulierte – Kritik an der Fortschrittspolitik der Gewerkschaften und der Sozialdemokratie,

> *„... die darauf gerichtet war, diese Gesellschaft zu modernisieren, ohne sie konsequent zu demokratisieren, d.h., ohne die Beteiligungsrechte, die Mitbestimmung und die Basisdemokratie zu erweitern und damit den Lebenszusammenhang der Menschen in den Erfahrungen der ge-*

1 Vortrag, gehalten im Rahmen der Tagung „Emanzipative politische Bildung. Entwicklungen – Widerstände – Wirkungen und Perspektiven" vom 24. – 26. Januar 2013 im Bildungszentrum HVHS Hustedt e. V.

sellschaftlichen Konflikte zum Gegenstand der Politik zu machen" (Negt 1986, S. 34).

Das erste Zitat wies bereits auf den Kern seines Anliegens: die politischen und gesellschaftlichen Veränderungen werden von den Subjekten als krisenhaft erfahren und wirken bedrohlich in dem Sinn, dass alte Orientierungen ihre Gültigkeit verloren haben, neue aber fehlen. Um die Menschen bei ihrer Orientierungssuche zu unterstützen, entwickelte Negt mit dem Ansatz der gesellschaftlichen Kompetenzen eine neue Konzeption für die gewerkschaftliche und politische Bildungsarbeit, mit Hilfe derer sich Menschen orientieren können, Standpunkte entwickeln und zu Formen des solidarischen und kollektiven Handelns kommen. Ausgangspunkt ist die Frage:

> „*Was muß ein Arbeiter, aber nicht nur ein Arbeiter, sondern was muß ein Mensch heute wissen, damit er sich in dieser Welt zurechtfinden kann, dass seine Abhängigkeiten nicht vergrößert werden, sondern dass seine Autonomie vergrößert wird?*" (Negt 1986, S. 35).

Das Konzept der gesellschaftlichen Kompetenzen, das Negt in diesem Vortrag in seiner ersten Fassung vorstellte, ist zurückzuführen auf verschiedene Stränge bildungstheoretischer und bildungspolitischer Diskussionen und Diskurse:

1. Integriert es humanistische, kritische und emanzipatorische Positionen einer bildungstheoretisch-kritisch begründeten Erziehungswissenschaft und Erwachsenenbildungswissenschaft, die sich Aufklärung und die Entfaltung der Person zu Mündigkeit, Urteils- und Handlungsfähigkeit zum Ziel setzen.
2. Nimmt es den Diskurs um die Integration allgemeiner, beruflicher und politischer Bildung, die in der deutschen Bildungs- und Erwachsenenbildungsdiskussion eine lange Tradition hat und deren Dualismus nur in Ansätzen überwunden wurde.
3. Ist das Konzept zu verstehen als ein Vorschlag für eine kritische politische Erwachsenenbildung, deren Existenz als Garant und

Grundlage demokratischer Strukturen und gelebter und sich weiter entwickelnder Demokratie unabdingbar ist.

4. Kann das Konzept auch verstanden werden als ein Vorschlag für ein humanistisch begründetes Konzept für Lebenslanges Lernen, im Sinne des bereits in den 1960er Jahren von der UNESCO entwickelten Ansatzes des Lebenslangen Lernens, der auf Persönlichkeitsentwicklung und gesellschaftlicher Handlungsfähigkeit zielt.
5. Muss das Konzept auch verstanden werden als eine Antwort auf den ökonomisch begründeten Diskurs um die Begriffe „Schlüsselqualifikationen“ und „Kompetenzen“, die in Deutschland seit den 1970er Jahren kontinuierlich diskutiert wurden.

Ziel des Beitrags ist es,

1. die Konzeption der gesellschaftlichen Kompetenzen Bezug auf ihre Genese, ihre theoretischen Grundlagen und ihren Inhalt darzustellen,
2. curriculare Umsetzung der gesellschaftlichen Kompetenzen im Rahmen eines europäischen Grundtvig-Projekts in Bezug auf ihre Konzeption und didaktisch-methodischen Begründungen zu entfalten und
3. Perspektiven aufzuzeigen für die inhaltliche Weiterentwicklung und die Anwendung der gesellschaftlichen Kompetenzen im Rahmen der politischen Bildung.

Die Beschäftigung und Weiterentwicklung der gesellschaftlichen Kompetenzen erscheint angesichts der europäischen Finanz-, Wirtschafts-, Sozial- und Identitätskrise in Europa wichtiger denn je. Die politischen Entwicklungen der jüngsten Zeit, das zunehmende Konkurrenzverhalten der Mitgliedstaaten untereinander, lassen die Errungenschaften eines geeinigten Europas häufig in den Hintergrund treten. Der zunehmenden Europaskepsis entgegenzutreten ist auch eine Bildungsaufgabe, bei der die Kompetenzen genutzt werden können. Sie sind aber nicht statisch zu betrachten, sondern entwicklungsfähig. Dazu sollen diese Diskussionen im Rahmen dieser Tagung unter anderem einen Beitrag leisten. Denn, um noch einmal Oskar Negt zu zitieren:

> *„Bildungskonzeptionen entstehen nicht in einem gesellschaftlich neutralisierenden, luftleeren Raum. Im allgemeinen entstehen sie auch nicht, wenn sie gesellschaftlich wirksam sind, am Schreibtisch, sondern sie sind Ergebnisse von Wahrnehmungen, Einschätzungen, Tendenzen, und nicht zuletzt sind sie Ergebnisse eines kooperativen Zusammenhangs"* (Negt 1986, S. 32).

Grundlegend ist festzustellen, dass die Diagnose von Krise, die Ausgangspunkt der ursprünglichen Formulierung der Kompetenzen war, verbunden mit dem Anspruch, ein Konzept für eine kritische, emanzipatorische politische und gewerkschaftliche Bildung zu begründen, es auch in seiner Weiterentwicklung wie ein roter Faden begleitet hat. Die von Negt 1986 noch als mikroskopisch klein charakterisierten Veränderungen des Sozialstaats, die Rücknahme von Arbeitnehmerrechten und die Veränderungen der Arbeitswelt, waren noch nicht so gravierend wie heute, vergleicht man sie mit den Folgen einer 20-jährigen neoliberalen Wirtschaftspolitik bezogen auf den Finanz-, Kapital- und Arbeitsmarkt, den nicht absehbaren ökonomischen und sozialen Folgen der aktuellen Finanzkrise und der Digitalisierung der Lebenswelt mit ihren Folgen für das menschliche Zusammenleben.

Festzustellen ist, dass sich die Ausgangsdiagnose der Krise bestätigt, die Anlass für Negts Überlegungen waren. Gleichzeitig unterstreichen die heutigen Krisen, dass die Argumentation für die Aneignung gesellschaftlicher Kompetenzen die gleiche ist wie 1986: Die Erfahrungen von Krisen, Unübersichtlichkeit, Orientierungslosigkeit, Verunsicherungen usw. nehmen eher zu als ab und Menschen sind weiterhin darauf angewiesen, durch die Aneignung gesellschaftlicher Kompetenzen politische Utopie- und Handlungsfähigkeit zu entwickeln, wenn sie Einfluss nehmen wollen.

Darstellung der Konzeption der gesellschaftlichen Kompetenzen: Genese, Theorie, Inhalte

Die Genese der Konzeption gesellschaftlicher Kompetenzen erstreckte sich über mehrere Jahre. Zunächst (1986/1988) bezeichnete Negt sie noch als „alternative Schlüsselqualifikationen", in Abgrenzung zur instrumentellen Verengung, unter der die Schlüsselqualifikationen in Berufsbildung und beruflichen Weiterbildung diskutiert wurden.[2] Mit der Erweiterung, die die Schlüsselqualifikationen im Begriff „Kompetenzen" erfuhren, prägte Negt 1990 den Begriff „gesellschaftliche Kompetenzen". Die Kompetenzen erfuhren seit der ersten Veröffentlichung einige Änderungen bzw. Erweiterungen, im Rahmen des noch vorzustellenden Projekts wurden Curricula für die folgenden Kompetenzen entwickelt:

- Identitätskompetenz/Interkulturelle Kompetenz
- Historische Kompetenz
- Gerechtigkeitskompetenz
- Technologische Kompetenz
- Ökologische Kompetenz
- Ökonomische Kompetenz.

Die Aneignung gesellschaftlicher Kompetenzen zielt darauf, die personale Entfaltung der Menschen zu unterstützen, damit sie sich neben den notwendigen beruflichen, sozialen und methodischen Fähigkeiten Kompetenzen aneignen, die ihren persönlichen, gesellschaftlichen und politischen Handlungsspielraum erweitern. Dies soll über die Aneignung von Kompetenzen erreicht werden, die den Menschen dabei helfen,

> „*... Wesenszusammenhänge der heutigen Welt zu erkennen und die bestehende Wirklichkeit unter dem Gesichtspunkt ihrer notwendigen Umgestaltung der praktischen Kritik zu unterziehen*" (Negt 1993, S. 662).

2 Vgl. bspw. Mertens 1974, Zeuner 2009

Die gesellschaftlichen Kompetenzen sind als inhaltliches Ziel politischer Bildung und weniger als methodisch-didaktisches Prinzip zu verstehen. Negt definiert für die gesellschaftlichen Kompetenzen einen spezifischen Lernbegriff, bei dem nicht das kumulative Anhäufen von Wissen im Vordergrund steht, sondern

> *„... für den zwei Merkmale heute entscheidende Bedeutung haben: Orientierung und Kompetenz. Bildung, Selbstbildung, Persönlichkeitsbildung, Lernen des Lernens, Gleichgewichtigkeit im Lernen und Erwerben kognitiver, sozialer und emotionaler Kompetenzen, Befreiung durch Bildung – das sind Schlüsselwörter für die Orientierung des einzelnen, für das individuelle Selbstverständnis“* (Negt 1998, S. 58).

Ausgehend von individuellen Erfahrungen fordert Negt als Grundprinzip des Lernens die Erschließung von Zusammenhängen über gesellschaftliche Bedingungen, Entwicklungen und Vorgänge in ihrer gegenseitigen Abhängigkeit und teilweise Widersprüchlichkeit. Voraussetzung ist die Aneignung von Wissen, das über eigene Erfahrungen hinausgeht.

> *„Derjenige, der sich auf seine Erfahrungen stützt, weiß nichts über die Bedingungen, wie diese Erfahrungen entstehen, und weiß auch nichts, noch unmittelbar nichts, wie diese Bedingungen verändert werden können, unter denen neue Erfahrungen zu machen sind. Er braucht Wissen, das situationsunabhängig ist, welches nicht in seiner Situation aufgeht. Er braucht aber auch Wissen, das in seine Situation übersetzbar ist. Wissen, das nicht in seine Lebenssituation hineinreicht, nützt nichts. Das führt zu einem abstrakten Wissen, über ein geschichtliches und gesellschaftliches Geschehen, was seinem Leben nicht hilft“* (Negt 1986, S. 35).

Das über die gesellschaftlichen Kompetenzen vermittelte und angeeignete „Orientierungswissen“ soll der Fragmentierung der Lebenszusammenhänge und damit auch des individuellen Wissens entgegenwirken und die Auseinandersetzung mit gesellschaftlichen Existenzfragen unterstützen (Negt 1993, S. 660). Negt interpretiert diese Fragmentierungen als bewusst eingesetzte Instrumente politischer Interessen (in der Schule, in der Arbeitswelt, der Politik, den Medien), die die Unübersichtlichkeit für den Einzelnen und Unsicherheit des Einzelnen vertiefen und damit zur Stabilisierung des Systems beitragen.

Die gesellschaftlichen Kompetenzen sollen dieser Fragmentierung des Wissens entgegenwirken und zur Aufklärung über Entwicklungen und Verhältnisse durch das Erkennen von Zusammenhängen beitragen. Wichtig ist ihm, dass der Zusammenhang zwischen den einzelnen Kompetenzen und der sie bedingenden, umgebenden Welt verstanden wird.

> *„Allgemeine Regeln für ‚Zusammenhang' gibt es nicht. Da der Zusammenhang in dem von mir verstandenen Sinne nicht in einer formalen Kombinationstechnik von Einzelmerkmalen besteht, ist diese Kompetenz eher als eine spezifische Denkweise zu bezeichnen, eine ausgeprägte theoretische Sensibilität, die sich auf die lebendige Entwicklung von Unterscheidungsvermögen gründet. Nicht Zusammengehöriges trennen, den suggestiven Schein des Unmittelbaren durchbrechen und als Vermitteltes nachweisen, oder, in begrifflichen Zusammenhängen, Grund und Begründetes entzerren – das wären konkrete Arbeitsregeln der Überprüfung des Gegebenen, was ja nichts anderes als Kritik bedeutet; die andere Seite dieses entwickelten Unterscheidungsvermögens wäre Urteilskraft im Sinne der Neubestimmung von Zusammenhängen. … Geht in Lernprozessen diese theoretische Sensibilität für Zusammenhang vollständig verloren, sind alle übrigen gesellschaftlichen Schlüsselqualifikationen unvermeidlich auf instrumentelle Abstraktionen reduziert, also in Herrschaftszwecken bereits integriert und aufbewahrt“* (Negt 1992, S. 19).

„Zusammenhang stiften“ kann also als „Metakompetenz“ interpretiert werden, die für das Verständnis und die Entwicklung der übrigen gesellschaftlichen Kompetenzen notwendig ist, sie beinhaltet situationsunabhängiges Wissen und kann deswegen nicht isoliert stehen.

> *„Ist aber ‚Zusammenhang' eigentümlicher Zweck des Lernens, dann ist dialektisches Denken, d. h. die lebendige Bewegung in Widersprüchen,*

die sich weder aufheben noch umgehen lassen, von äußerster Aktualität" (Negt 1993, S. 661).

Unter dem Eindruck sich verändernder politischer, sozialer und ökonomischer Rahmenbedingungen von Gesellschaften auf Grund der fortschreitenden Modernisierung mit ihren Folgen wie Globalisierung/Internationalisierung, verbunden mit Prozessen wie Industrialisierung und Technologisierung, der Beschleunigung von Entwicklungen, der Ökonomisierung der Lebenswelt, stärkerer Vereinzelung (Individualisierung), Entfremdung der Menschen und der daraus resultierenden zunehmenden Unübersichtlichkeit von Gesellschaften soll die Auseinandersetzung mit den gesellschaftlichen Kompetenzen dazu beitragen,

- gesellschaftliche Bedingungen, unter denen wir leben, zu erkennen und u erklären.
- Zusammenhänge zwischen persönlichen und politischen, gesellschaftlichen und sozialen Ereignissen und Entwicklungen zu verstehen.
- Zur Kritik an diesen Verhältnissen auf der Grundlage eines erweiterten Urteilsvermögens zu befähigen.
- Alternativkonzepte zur Umgestaltung einer sich fortschreitend demokratisierenden Gesellschaft zu entwickeln, was auch die Entfaltung von „Utopiefähigkeit" bedeutet.

Solche Orientierungen zu geben, müsste nach Negt die Aufgabe eines Bildungskonzepts sein. Die Kompetenzen haben nicht das Ziel, einen fest definierten Wissenskanon zu vermitteln, vielmehr sollen die Lernenden dabei unterstützt werden, sich Fähigkeiten und Einsichten anzueignen, mit deren Hilfe sie sich selbst, ihre Umwelt, die Gesellschaft und die Politik im Zusammenhang und in ihrer gegenseitigen Abhängigkeit erkennen, um als mündige Person im weitesten Sinne persönliche und gesellschaftliche Gestaltungskraft zu erwerben.

Die nachfolgende Abbildung zeigt die Kompetenzen in einem Kreis angeordnet; in der Mitte des Kreises sind die Dimensionen und Faktoren, die auf der einen Seite auf die inhaltliche Ausgestaltung der Kompetenzen

Einfluss nehmen. Andererseits können Menschen, die sich inhaltliche Dimensionen der Kompetenzen angeeignet haben, über die Kompetenzen diese Dimensionen auch mit verändern.

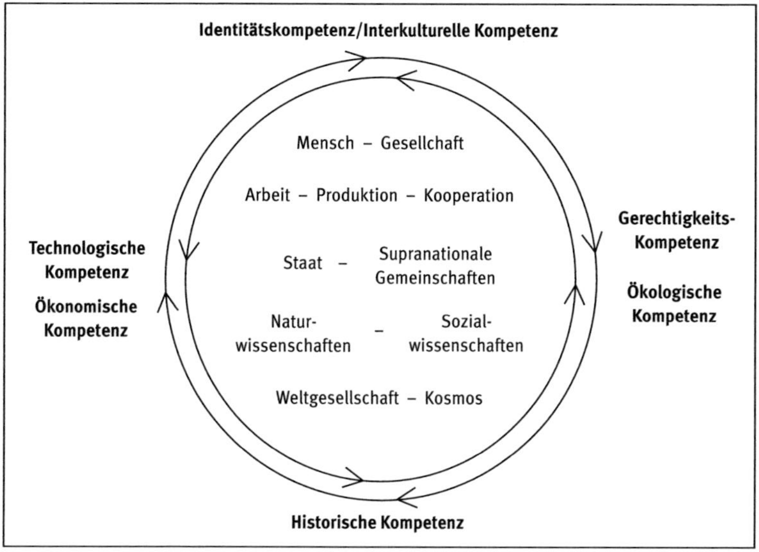

Abb. 1: Gesellschaftliche Kompetenzen im Kontext von Politik, Lebens- und Arbeitswelt

Identitätskompetenz/Interkulturelle Kompetenz: Auch bezeichnet als eine Kompetenz der Selbst- und Fremdwahrnehmung, die befähigt, grundlegende Veränderungen der Gesellschaft, die teilweise die Auflösung traditioneller Strukturen in Gesellschaft, Familie und Arbeitswelt zur Folge haben, zu erkennen und zu verstehen. Der Zwang, sich auf neue Realitäten einzulassen, fordert von den Menschen in erhöhtem Maß die Fähigkeit, sich mit bedrohter oder gebrochener Identität aufgeklärt auseinanderzusetzen. Die Entwicklung neuer individueller wie gesellschaftlicher Wertmaßstäbe gehört zu einem zukunftsbezogenen Lernprozess.

Wichtige Elemente der Identitätsbildung wie Beruf, Arbeit, gesellschaftliches Zusammenleben und seine Organisation über Politik, Recht, Kultur und Wirtschaft werden in ihrem Verhältnis zum und in ihrer Bedeutung für das Individuum diskutiert. Diese Bereiche werden im Inneren des Kreises der Abbildung gezeigt: Sie bilden Dimensionen, die das Leben von Menschen formen und beeinflussen.

Die außen um den Kreis angeordneten Kompetenzen greifen jeweils gesellschaftliche Teilbereiche heraus, die in ihrer Konkretheit unterschiedlich sind: bei der ökonomischen, technologischen und ökologischen Kompetenz wird das Augenmerk auf konkrete Zustände und Entwicklungen gerichtet, deren Auswirkung auch unmittelbar für die Menschen sichtbar sind. Die historische Kompetenz und die Gerechtigkeitskompetenz stellen Fragen nach den Folgen geschichtlicher Entwicklungen, verpassten Möglichkeiten und Lösungen gesellschaftspolitischer Probleme auf der Basis der Menschenrechte und Würde aller Menschen in einer gerechten Weltordnung. Eingeschlossen sind Reflexionen über Werte und Normen gesellschaftlichen Zusammenlebens, ethisches und verantwortliches Verhalten.

Die *historische Kompetenz* fragt zum einen nach der Relevanz von Geschichte für die eigene Identität, zum anderen nach der Geschichte der demokratischen Entwicklung der Gesellschaft, ihren Bedingungen ihrer und den daraus für die Zukunft abzuleitenden Konsequenzen. Die Erinnerungsfähigkeit der Menschen und einer Gesellschaft bestimmt auch ihre Zukunft. Die historische Kompetenz schließt die Entwicklung von „Utopiefähigkeit" mit ein, die es den Menschen ermöglicht, in Alternativen zu denken, Phantasie zu entwickeln, um gesellschaftliche Veränderungen anzustreben und umzusetzen.

Gerechtigkeitskompetenz: In einer Gesellschaft, in der sich gemeinsame Wertorientierungen stetig verringern, sind Menschen häufig mit dem Verlust individueller wie gesellschaftlicher Rechte konfrontiert. Um diese „Enteignung" sichtbar und begreiflich zu machen und das natürliche Rechtsbewusstsein der Menschen zu stärken, muss die Fähigkeit erlernt werden, Recht und Unrecht, Gleichheit und Ungleichheit wahrzunehmen sowie die jeweils dahinter stehenden Interessen zu beurteilen.

Die *Ökonomische Kompetenz* soll Menschen dazu befähigen, ökonomische Zusammenhänge, Abhängigkeiten und Entwicklungen zu erkennen und zu erklären. Damit soll die Entwicklung eines begründeten Standpunkts möglich werden. Ziel ist zudem die Bewusstmachung des Zusammenhangs zwischen subjektiven Bedürfnissen und Interessen und der sie umgebenden Objektwelt, also der Ökonomie.

Technologische Kompetenz beinhaltet nicht nur die individuelle Anwendbarkeit technologischer Entwicklungen im Sinne von Fertigkeiten. Es geht vielmehr auch um die Fähigkeit, die gesellschaftlichen Folgen technologischer Entwicklungen – positive wie negative – abschätzen zu können, damit Technik als ein „gesellschaftliches Projekt" verstanden wird. Der verantwortungsvolle und zukunftsweisende Umgang mit Technologien erfordert es auch, ein Verständnis zu entwickeln für den Zusammenhang zwischen ökonomischen Interessen und technologischen Entwicklungen.

Ökologische Kompetenz: Die Naturgrundlagen der menschlichen Existenz und der übrigen Lebewesen sollen erkannt, gepflegt und erhalten werden. Es geht nicht nur um das Erkennen von äußerer Umweltzerstörung und ihrer Verhinderung, sondern um die Erkenntnis der „inneren Natur", der internen Strukturen von Subjekten und deren menschliche Gestaltung, und den pfleglichen Umgang mit den Menschen, den Dingen und der Natur.

Während der Ausformulierung der Kompetenzen für das Projekt und v. a. bei der Abschlusstagung 2006 führten die Projektbeteiligten auch eine Debatte über den Begriff „Kompetenz". Der Begriff wird theoretisch und praktisch sehr unterschiedlich begründet und inhaltlich gefüllt. Die Debatte, die mit der Definition von Schlüsselqualifikationen in den 1970er Jahren begann und in den 1990er Jahren zur Definition von Kompetenzen führte, wird in der Erziehungswissenschaft, der Berufsbildung, der Psychologie und in Bezug auf das Lebenslange Lernen geführt und reicht von neoliberalen Erwartungen an Flexibilität und Beschäftigungsfähigkeit von Arbeitskräften über psychologische Ansätze von kontextabhängigen, nicht übertragbaren instrumentellen Fähigkeiten bis hin zur Charakterisierung professionsbezogener Methoden- und Fachkompetenzen. Auch in der politischen Bildung wurden Kompetenzen definiert, die Diskussion führte in der jüngsten Zeit zu der folgenden Unterscheidung:

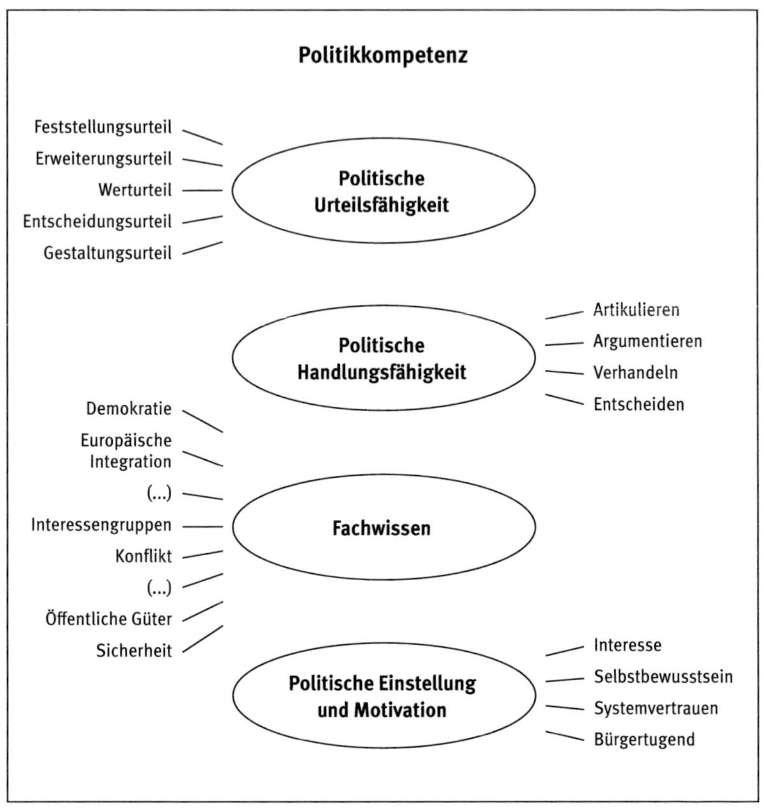

Abb. 2: Politikkompetenz (Quelle: Massing 2012, S. 24)

Die Systematik macht deutlich, dass die gesellschaftlichen Kompetenzen quer zu denen liegen, die zurzeit für die politische Bildung definiert werden. Denn über sie können sich politisch interessierte Personen einerseits Wissen aneignen, andererseits soll die Beschäftigung mit ihnen aber auch zur Urteilsfähigkeit, zur Handlungsfähigkeit und zur Entwicklung eines politischen Standpunktes führen. Die ausformulierten Curricula versuchen in der methodisch-didaktischen Umsetzung, alle Bereiche zu berücksichtigen. Die gesellschaftlichen Kompetenzen beinhalten also theoretisches Wissen und beanspruchen, in einer politischen Praxis wirksam zu werden. Aus diesem Grund haben sich die Projektbeteiligten bewusst dafür entschieden, den Begriff Kompetenzen beizubehalten und ihn nicht durch „Bildung" oder „Wissen" zu ersetzen. Gleichzeitig sollte mit der Beibehaltung des Begriffs die Tendenz konterkariert werden, Begriffe in die eine oder andere Richtung zu instrumentalisieren und zu vereinnahmen und so ihre ursprünglichen Intentionen oder auch Möglichkeiten zu verschleiern.

Die strukturelle und inhaltliche Entwicklung des Projekts

Die von Negt eher abstrakt formulierten gesellschaftlichen Kompetenzen wurden zwischen 2003 und 2005 im Rahmen eines internationalen Projekts „Politische Partizipation durch gesellschaftliche Kompetenzen: Curriculumentwicklung für die politische Grundbildung" curricular umgesetzt, das über das Sokrates-Programm als Grundtvig-Projekt von der Europäischen Union von Oktober 2003 bis September 2005 gefördert wurde.[3]

Zielsetzung des Projekts war es, zu den sechs Kompetenzen Lern- und Arbeitsbücher zu entwickeln, die sowohl in Präsenzveranstaltungen der politischen Bildung eingesetzt als auch für das Selbststudium – allein oder in Studienzirkeln – verwandt werden können. Im Sinne der Negt'schen Prämisse „Öffentlichkeit herzustellen" sollen sich die Lernenden Möglichkeiten eröffnen,

- die gesellschaftlichen Bedingungen des Lebens erkennen und erklären zu können,
- Verständnis für Zusammenhänge zwischen persönlichen und politischen,
- gesellschaftlichen und sozialen Ereignissen und Entwicklungen zu entwerfen

3 Projektbeteiligte waren: Universität Flensburg, Institut für Allgemeine Pädagogik und Erwachsenenbildung/Weiterbildung (koordinierende Einrichtung) (D); Universität Roskilde, Institut for uddannelsesforsking (DK); Akademie für Arbeit und Politik an der Universität Bremen (D); Landesverband der Volkshochschulen Schleswig-Holstein (D); Oswald-von-Nell-Breuning-Haus Herzogenrath (D); Universität Klagenfurt: Institut für Erziehungswissenschaft und Bildungsforschung, Abt. Erwachsenenbildung und Berufsbildung (AT); Universität Wien: Institut für Politikwissenschaft (AT); Bildungshaus des Landes Steiermark, Schloß Retzhof (AT); Latvijas Pieauguso izglitibas apvieniba (Verband der Erwachsenenbildungseinrichtungen in Lettland) (LV); Fundacja Kryzowa dla Porozumienia Europejskiego (Europäische Akademie der Stiftung Kreisau für internationale Verständigung) (PL); weitere Kooperationsmitglieder, vor allem Gewerkschaften. (Fördernummer des Projekts: 110622-CP1--2003-1-DE-Grundtvig-G1).

- Befähigung zur Kritik an diesen Verhältnissen aufgrund eines erweiterten Urteilsvermögens mit dem Ziel,
  - Alternativen zu bestehenden Gesellschaftsstrukturen und -formen zu entwickeln,
  - demokratische Verhältnisse zu festigen,
  - die Demokratisierung der Gesellschaft als unabgeschlossenes Projekt zu betrachten, deren Weiterentwicklung unterstützt werden muss und
  - Utopiefähigkeit als Lernziel zu verfolgen.

In der curricularen Konzeption wurde davon ausgegangen, dass die sechs Kompetenzen ein Ensemble bilden und nach Möglichkeit nicht getrennt werden sollten, da die Verfügung über alle Kompetenzen idealerweise zu Emanzipation und Mündigkeit führt.

Mit der praktischen Umsetzung der gesellschaftlichen Kompetenzen war es Ziel des Projekts, sich von einer ökonomisch begründeten, weitgehend unter den Aspekten von „employability" und „flexibility" geführten Diskussion um Qualifizierung abzusetzen. Den Projektbeteiligten waren die Folgen der fortschreitenden Modernisierung, die sich verändernden politischen, sozialen und ökonomischen Rahmenbedingungen sowie die Konsequenzen der Globalisierung/Internationalisierung und Individualisierung durchaus bewusst. Ebenso wurde berücksichtigt, dass mit den Veränderungen in der Arbeitswelt, den Verschiebungen vom industriellen Produktions- zum Dienstleistungs- und Kommunikationssektor neue Berufe entstanden sind und sich die Arbeits- und Organisationsstrukturen auch weiterhin verändern werden. Ebenso wurde berücksichtigt, dass von den Arbeitnehmern vermehrt Selbständigkeit, Entscheidungsfähigkeit und Verantwortungsbewusstsein gefordert werden und eine zukünftige Wissensgesellschaft vom Einzelnen größere kognitive Fähigkeiten erwarten wird.

Nach Meinung der Projektbeteiligten ließen sich diese teilweise irreversiblen Entwicklungen in die Curricula im Sinne einer kritischen politischen Bildung integrieren, indem sie zum Lerngegenstand wurden und damit die Lernenden unterstützen, selbständig zu denken, ihre Kritik-, Reflexions- und demokratische Partizipationsfähigkeit weiterzuentwickeln und zu verbessern, sowohl im Arbeitsleben als auch im politischen, gesellschaftlichen und europäischen Zusammenhang.

Zielgruppen des Projekts sind un- und angelernte Arbeiter, Angestellte, Gewerkschafter sowie ehrenamtlich Tätige und Dozent/innen der Erwachsenenbildung. Ziel der Aneignung der Kompetenzen ist es, ihnen dadurch eine bessere Möglichkeiten der gesellschaftspolitischen Beteiligung zu geben, um die sozialen und ökologischen Prinzipien einer demokratischen Gesellschaft zu unterstützen. Mit Hilfe des Projekts soll die gesellschaftliche/politische Partizipation bisher unterrepräsentierter gesellschaftlicher Gruppen verbessert werden. Die Hauptaktivitäten des Projekts waren:

1. Diskussion und Festlegung einer curricularen Rahmenstruktur für die sechs Studienhefte, wobei vom Methodisch-Didaktischen der Konzeption der soziologischen Phantasie und des exemplarischen Lernens ausgegangen wird (Oktober 2003),
2. Erstellung der sechs Studienhefte durch international besetzte Autorenteams der Projektbeteiligten (November 2003 bis September 2004),
3. Erprobung der Arbeits- und Lernbücher in den beteiligten Einrichtungen der politischen Erwachsenenbildung (gleichzeitig Evaluationsphase) (September 2004 bis August 2005).

Didaktische Grundüberlegungen zum Projekt

Die didaktischen Grundüberlegungen zur Entwicklung der einzelnen Curricula beziehen sich erstens auf die in den 1960er Jahren für die Arbeiterbildung entwickelten Konzepte der „soziologischen Phantasie und des exemplarischen Lernens“. Im Mittelpunkt stand dabei der Begriff der Erfahrung der Lernenden, an der sich die Auswahl von Konflikten/Beispielen zu orientieren habe:

> *„Der exemplarische Bildungswert der Unterrichtsgegenstände [wird] durch drei Faktoren bestimmt: ihre Nähe zu den individuellen Interes-*

sen, den inhaltlich über die unmittelbaren Interessen hinausweisenden Elementen des Arbeiterbewußtseins, die allgemeinere gesellschaftliche Zusammenhänge betreffen und schließlich die Bedeutung, die den Bildungsgehalten für die Emanzipation des Arbeiters zukommt" (Negt 1975, S. 97).

Als pädagogische Theorie verstanden heißt dies, die reflektierende und ästhetische Urteilskraft auszubilden und damit zu befähigen, aus dem Besonderen das Allgemeine zu erklären. „Soziologische Phantasie" soll als soziologische Denkweise die Lernenden befähigen, strukturelle Zusammenhänge zwischen der individuellen Lebensgeschichte, den unmittelbaren Interessen und Wünschen, Perspektiven und Hoffnungen zu erkennen und in einer Weise zu verarbeiten, dass gesellschaftspolitisches Handeln als Möglichkeit individuellen Engagements zu begreifen ist. Negt bezieht sich bei der Definition soziologischer Phantasie auf C. Wright Mills:

[Soziologische Denkweise] „ist die Fähigkeit, von einer Sicht zur anderen überzugehen, von der politischen zur psychologischen, von der Untersuchung einer einzelnen Familie zur Einschätzung staatlicher Haushaltspläne, vom theologischen Seminar zu militärischen Einrichtungen, von Betrachtungen über die Ölindustrie zu Untersuchungen der zeitgenössischen Lyrik. Es ist die Fähigkeit, von völlig unpersönlichen und fern liegenden Veränderungen zu den intimsten Zügen des menschlichen Wesens gehen zu können – und die Beziehungen zwischen beiden zu sehen. Dahinter liegt stets der Drang, die gesellschaftliche und geschichtliche Bedeutung des einzelnen und derjenigen Gesellschaft und Geschichtsperiode zu erkennen, der er seine Einzigkeit und sein Wesen verdankt" (Mills 1963, S. 15).

Um diese didaktische Grundüberlegung methodisch umzusetzen, wurde in der Anlage der Curricula zweitens auf die „didaktische Analyse" nach Wolfgang Klafki für die Begründung der Auswahl der Beispiele zurückgegriffen. Klafki stellte für die Auswahl von Beispielen die folgenden Kriterien auf (Klafki 1996, S. 270–284):

1. *Gegenwartsbedeutung:*
   In welchem Zusammenhang steht das Thema mit den bisherigen Erfahrungen der Lernenden?

2. *Zukunftsbedeutung:*
   Hat das Thema Relevanz für die Zukunft der Menschen/der Gesellschaft?

3. *Sachstruktur:*
   In welchem größeren Zusammenhang steht ein Thema (auch in Bezug auf die Gegenwarts- und Zukunftsbedeutung)? Welche Teilbereiche deckt ein Thema inhaltlich ab? Gibt es verschiedene Bedeutungsebenen des Themas? Was könnte Lernenden den Zugang zum Thema erschweren?

4. *Exemplarische Bedeutung:*
   Welcher allgemeine Sachverhalt, welches allgemeine Problem/welcher allgemeine Sachverhalt kann durch das Thema erschlossen werden? D.h., sind die gewonnenen Erkenntnisse auf andere Sachverhalte übertragbar?

5. *Zugänglichkeit:*
   Welche Probleme können bei der Beschäftigung mit dem Thema auftauchen? Wie könnte das Thema für die Lernenden interessant, „begreifbar" aufbereitet werden?[4]

Um dem Anspruch gerecht zu werden, denjenigen, die sich mit den Studienheften beschäftigen, nicht nur abstraktes Wissen zu vermitteln, sondern ihre aktive gesellschaftliche Partizipationsmöglichkeiten vorzubereiten und zu unterstützen, wurden die Hefte zudem, in Anlehnung an methodische Prinzipien nach Paulo Freire, in einem Dreischritt aufgebaut, der als „Sehen, Urteilen, Handeln" bezeichnet wird.

4 Eine genauere Darstellung der didaktisch-methodischen Umsetzung des Ansatzes nach Klafki am Beispiel der Gerechtigkeitskompetenz findet sich in Zeuner 2007.

Exemplarische Beispiele („critical issues"; „controversial topics")

1. „Naives Bewusstsein" → "Sehen"
2. Kritisches Bewusstsein → "Verstehen"
3. Kritische Praxis → "Handeln"

Diese didaktisch-methodischen Vorüberlegungen führten zu einem grundsätzlich ähnlichen strukturellen Aufbau der sechs Studienhefte:

Kapitel 1: Einleitung in die Thematik der gesellschaftlichen Kompetenzen und ein Überblick über den Stand der Diskussion zu gesellschaftlichen Kompetenzen in den am Projekt beteiligten Ländern.

Kapitel 2: Inhaltliche Darstellung der jeweiligen Kompetenzen.

Kapitel 3: Arbeitsmaterialien; weiterführende wissenschaftliche, literarische, journalistische Texte zur jeweiligen Kompetenz

Kapitel 4: Lern- und Aneignungsstrategien zur Unterstützung der Lern- und Lehrkompetenzen der Adressaten und Moderatoren (Propädeutikum).

Kapitel 5: Literatur und Lese-/Aneignungsanregungen; Verweise auf weiterführende Literatur/Datenbanken/ Audio-Videomaterial.

Kapitel 6: Glossar zu den wichtigsten im Text verwandten Begriffen.[5]

Zielsetzung ist es, den Lernenden die Möglichkeit des Wissenserwerbs zu einem bestimmten Thema zu geben und sie gleichzeitig anzuregen, ihre eigenen inhaltlichen Interessen zu entwickeln, indem die Themen aus verschiedenen Perspektiven vorgestellt werden. Die weiterführenden Literatur- und Materialhinweise sollen sie unterstützen, die jeweiligen in den Themen enthaltenen Widersprüche aufzudecken und über eine Auseinandersetzung mit ihnen zur Entwicklung eines eigenen Standpunkt zu kommen. Gleichzeitig werden Möglichkeiten der politischen und gesellschaftlichen Beteiligung aufgezeigt.

---

5 Die Studienhefte zu den einzelnen Kompetenzen sind als pdf-Dateien abrufbar unter: http://www.hsu-hh.de/zeuner/index_o3RBEFQKMp7s3elZ.html

Die Arbeit mit den Studienbüchern soll denjenigen, die sich mit ihnen auseinandersetzen, verdeutlichen, dass der Ausgangspunkt der gesellschaftlichen Kompetenzen Überlegungen zur Entfaltung einer demokratischen Gesellschaft ist. Ihre historischen und gesellschaftlichen Zusammenhänge sind kollektiv erfahrbar unter Einbezug subjektiver Erfahrungen und biographischer Verortung. Im Sinne der Prämisse „Öffentlichkeit herzustellen“ sollen sich die Lernenden Möglichkeiten eröffnen, gesellschaftliche, politische und ökonomische Verhältnisse kritisch zu hinterfragen und gemeinsam mit Anderen Möglichkeiten und Wege von Veränderung zu reflektieren, zu erproben und durchzusetzen.

Perspektiven der gesellschaftlichen Kompetenzen: Weiterentwicklung und Anwendung

Die curriculare Verarbeitung des Konzepts der gesellschaftlichen Kompetenzen nach Oskar Negt zeigt also einen Ansatz für eine kritische politische Erwachsenenbildung, der sich absetzt von neoliberalen Positionen, nach denen Kompetenzen auf Qualifikation reduziert und häufig funktionalisiert werden. Dagegen stehen hier bildungstheoretische Traditionen im Sinne von Aufklärung und Überlegungen der kritischen Bildungstheorie im Vordergrund, die über eine verkürzte instrumentell-berufliche Perspektive der Kompetenzen hinausweisen.

Abschließend möchte ich, im Hinblick auf den Fortgang unserer Tagung, auf zwei unterschiedliche Aspekte eingehen:

1. Ich möchte ich mit der Perspektive auf Europa noch einmal den Begriff der Krise aufgreifen und die Möglichkeiten der Anwendung der gesellschaftlichen Kompetenzen skizzieren.

2. Ich werde kurz den inhaltlichen Zuschnitt der Arbeitsgruppen begründen in Bezug auf die gesellschaftlichen Kompetenzen, ohne allerdings ihre Diskussionen vorwegnehmen zu wollen.

Dass Europa in einer Krise ist, und zwar nicht nur finanziell und ökonomisch, sondern nach meinem Eindruck vor allem auch politisch und sozial, ist eine Tatsache. Deutlich ist auch, dass in den Medien v. a. die ökonomischen Auswirkungen der Krise dargestellt und diskutiert werden, weniger die politischen und sozialen. Einhergehend damit ist aber auch eine Form der Identitätskrise zu konstatieren, die sich in der Abwendung großer Teile der Bevölkerung von der Idee der europäischen Union und europäischer Einheit manifestiert. Ohne dies hier empirisch belegen zu können, deutet dies für mich v. a. auf fehlendes Wissen über Europa, Orientierungslosigkeit, vermutlich gepaart mit Vorurteilen. Die vielen positiven Errungenschaften eines geeinigten, weitgehend friedlichen Europas treten dahinter zurück und führen nicht nur in Großbritannien zu Überlegungen der Auflösung der EU, zu ihrer Verschlankung als reine Wirtschaftsunion, zur Gründung einer Kernunion usw.

Ich denke, es ist naheliegend, dass die gesellschaftlichen Kompetenzen im Sinne des Grundtvig-Projekts auch dazu genutzt werden könnten, europäische Perspektiven zu entwickeln, die über eine wirtschaftliche Zusammenarbeit hinausgehen, die die Verflechtungen und Abhängigkeiten deutlich machen, gleichzeitig aber auch ihre positiven politischen Auswirkungen zeigen.

Die Kompetenzen könnten stärker auf eine europäische Perspektive in Hinsicht auf „European Citizenship" ausgerichtet werden, indem wir fragen, inwiefern Konzepte zur „Citizenship Education" – und in diese Kategorie können die Studienhefte auch eingeordnet werden – geeignet sind, die europäische Identität der Bürgerinnen und Bürger Europas zu bestärken, um ihre aktive Beteiligung an dem „europäischen Projekt" zu fördern.

Das Scheitern der Ratifizierung der europäischen Verfassung 2005 und die nachfolgende Finanzkrise verstärkte die Europaskepsis der Bevölkerung. Citizenship Education kann diese Krisen nicht beheben – denn sie ist Ausdruck einer nicht vermittelten Politik – aber mittels Citizenship Education könnte der Verstehenshorizont der Bevölkerung erweitert werden. Aufklärung über die politischen, gesellschaftlichen und ökonomischen Vor- und Nachteile einer fortschreitenden Europäisierung wären ein erster Schritt. Ein zweiter wäre, daraus eine gemeinsame Vision und Zielsetzung für Europa zu entwickeln, die von einer Mehrheit der Bevölkerung getragen würde. Die Frage ist, wie die Kompetenzen dazu beitragen könnten, die Vision eines kosmopolitischen, demokratischeren

Europas weiterzuentwickeln, das nicht nur wirtschaftliche, sondern auch kulturelle und politische Gemeinsamkeiten einbezieht.

> „*Versteht man Demokratie nicht als ein bloßes Regelsystem, das ein für alle Mal gelernt und beachtet wird, sondern als eine Lebensform, dann ist politische Bildung, die verschiedene Bauelemente wie Orientieren, Wissen, Lernen, Erfahren und Urteilskraft miteinander verknüpft, substanzielle Grundlage einer zivilen Gesellschaftsordnung. Es liegt auf der Hand, dass bei einem so schwierigen Einigungsprozess wie dem Europas, der die eigentümlichen Traditionen und die Souveränitätsrechte sehr verschiedener Nationen antastet, die Bildung politischer Urteilskraft zentrales Medium einer friedlichen und solidarischen Kommunikation zwischen den Menschen sein muss*“ (Negt 2012, S. 61; Hervorhebung im Original, C.Z.).

Wenn wir uns bei unserer Tagung im Sinne historischer Kompetenz über den Ansatz kritischer Arbeiterbildung und über die gesellschaftlichen Kompetenzen informieren, enthält dies natürlich auch ein Moment der Utopiefähigkeit. Die Idee, die Kompetenzen weiterzuentwickeln, sich zu Anwendungsbereichen, Zielgruppen und möglichst auch ihrer praktischen Implementierung Gedanken zu machen, bedeutet auch eine kritische Überprüfung ihrer inhaltlichen Ausgestaltung und ihrer theoretischen Grundlagen.

Die Arbeitsgruppen sollen dieses Anliegen insofern spiegeln, als es in der ersten Arbeitsgruppe um eine theoretische Auseinandersetzung mit Wissensbegriffen geht. Die Frage, welches Wissen sich Menschen im Rahmen der Kompetenzen wozu aneignen, bedarf weiterer theoretischer Begründungen.

Die zweite Arbeitsgruppe greift mit Medien ein Thema auf, das in der ursprünglichen Entwicklung der Kompetenzen noch keine so große Rolle spielte. Seit Abschluss des Grundtvig-Projekts hat sich die Digitalisierung unserer Lebenswelt beschleunigt. Für die Identitätsfindung und -konsolidierung spielen das Internet und digitale soziale Netzwerke eine große Rolle, diese Entwicklungen wurden bisher in der Konzeption noch kaum berücksichtigt.

Die dritte Arbeitsgruppe wird die internationalen Perspektiven, die in den Kompetenzen enthalten sind, genauer diskutieren, indem europäische und globale Aspekte der wirtschaftlichen Entwicklung ebenso eine Rolle spielen wie die Frage einer Vernetzung und die Anwendung der gesellschaftlichen Kompetenzen in unterschiedlichen Bereichen der politischen und gewerkschaftlichen Bildungsarbeit.

Meiner Meinung haben die gesellschaftlichen Kompetenzen durchaus das Potential, zur Veränderung des politischen Bewusstseins der Bevölkerung beizutragen. Der kanadische Bildungswissenschaftler Ed O'Sullivan sieht eine globale Veränderung des politischen Bewusstseins als notwendig an, wenn der Planet Erde überleben soll. Dazu formuliert er eine Theorie der transformativen Kritik, die dem Ansatz des transformativen Lernens zugrunde liegt. Sie könnte ebenfalls in Bezug auf die gesellschaftlichen Kompetenzen diskutiert werden:

> *„Im Gegensatz zu einer reformorientierten Kritik bedeutet transformative Kritik eine radikale Neustrukturierung der dominanten Kultur und einen fundamentalen Bruch mit der Vergangenheit. Ich sehe in der transformativen Kritik drei gleichzeitige Momente: Das erste Moment habe ich bereits beschrieben als eine fundamentale Kritik an der dominanten Kultur und der Infragestellung ihrer Berechtigung. Das zweite Moment besteht darin, Visionen über alternative kulturelle Konzepte zu entwickeln. Das dritte Moment beinhaltet Diskussionen zu der Frage, wie eine Kultur diejenigen Elemente überwinden kann, die sich als dysfunktional erweisen und, gleichzeitig, solche neuen kulturellen Formen entwickeln kann, die für die Gesellschaft funktional sind“* (O'Sullivan 2002, S. 3).[6]

---

6 Original: *„In contrast to reformative criticism, transformative criticism suggests a radical restructuring of the dominant culture and a fundamental rupture with the past. I suggest that transformative criticism has three simultaneous moments. The first moment I have already described as the critique of the dominant culture's formative appropriateness. The second is a vision of what an alternative to the dominant form might look like. The third moment includes some concrete indications of the practical exigencies of how culture could abandon those aspects of its present forms that are functionally inappropriate while, at the same time, points to a process of change that can create a new cultural form that is functionally appropriate“* (O'Sullivan 2002, S. 3).

Literatur

Freire, P. (1978): Pädagogik der Unterdrückten. 7. Auflage. Reinbek b. Hamburg: rowohlt

Klafki, W. (1996): „Zur Unterrichtsplanung im Sinne kritisch-konstruktiver Didaktik." In: Ders. Neue Studien zur Bildungstheorie und Didaktik. Zeitgemäße Allgemeinbildung und kritisch-konstruktive Didaktik. 6. Auflage. Weinheim: Beltz Verlag, S. 251–284

Massing, P.(2012): „Die vier Dimensionen der Politikkompetenz." Aus Politik und Zeitgeschichte 62 (2012/ Nr. 46–47), S. 23–29.

Mills, C. W. (1963): Kritik der soziologischen Denkweise. Neuwied: Luchterhand

Mertens, D. (1974): „Schlüsselqualifikationen. Thesen zur Schulung für eine moderne Gesellschaft." In: Mitteilungen aus der Arbeitsmarkt- und Berufsforschung 7, S. 36–43

Negt, O. (2012): Gesellschaftsentwurf Europa. Göttingen: Steidl Verlag

Negt, Oskar (2010): Der politische Mensch. Demokratie als Lebensform. Göttingen: Steidl Verlag

Negt, O. (1998): „Lernen in einer Welt gesellschaftlicher Umbrüche." In: Heinrich Dieckmann, Bernd Schachtsiek (Hrsg.). Lernkonzepte im Wandel. Die Zukunft der Bildung. Stuttgart: Klett-Cotta, S. 21–44

Negt, O. (1993): „Wir brauchen eine zweite, gesamtdeutsche Bildungsreform." Gewerkschaftliche Monatshefte (1993/11). S. 657–668

Negt, O. (1990): „Überlegungen zur Kategorie ‚Zusammenhang' als einer gesellschaftlichen Schlüsselqualifikation." Literatur- und Forschungsreport Weiterbildung 26. Dezember 1990. S. 11–19

Negt, O. (1986/1991): „Phantasie, Arbeit, Lernen und Erfahrung – Zur Differenzierung und Erweiterung der Konzeption ‚Soziologische Phantasie und exemplarisches Lernen'." In: Arbeit und Politik. Mitteilungsblätter der Akademie für Arbeit und Politik an der Universität Bremen. 4/5 (1991/92 Nr. 8–10). S. 32–44
[Abschrift der Tonbandaufzeichnung eines Referats, das Oskar Negt auf dem internationalen Symposium „Arbeit und Bildung – Emanzipation durch Lernen und Phantasie" 1986 in Linz. Österreich, gehalten hat.]

Negt, O. (1975): Soziologische Phantasie und exemplarisches Lernen. Zur Theorie und Praxis der Arbeiterbildung. 6. Auflage. Frankfurt am Main: Europäische Verlagsanstalt

O'Sullivan, E. (2002): „The Project and Vision of Transformative Education: Integral Transformative Learning." In: Edmund O'Sullivan, Amish Morrell and Ann

O’Connor (Hrsg.). Expanding the Boundaries of Transformative Learning. Essays on Theory and Praxis. New York: Palgrave, S. 1–12

Zeuner, C. (2009): „Zur Bedeutung gesellschaftlicher Kompetenzen im Sinne eines kritischen bildungstheoretischen Ansatzes.” In: Axel Bolder, Rolf Dobischat (Hrsg.). Eigen-Sinn und Widerstand. Kritische Beiträge zum Kompetenzentwicklungsdiskurs. Jahrbuch Arbeit und Bildung 1. Wiesbaden: VS-Verlag, S. 260–281

Zeuner, C. (2007): „Gerechtigkeit und Gerechtigkeitskompetenz: Diskurs und Praxis für eine kritische politische Bildung.“ In: Report. Zeitschrift für Weiterbildungsforschung (2007/4), S. 39–50

Zeuner, C. (2005): „Politische Partizipation durch gesellschaftliche Kompetenz: Curriculumentwicklung für die politische Grundbildung.“ 6 Studienhefte erstellt im Grundtvig 1-Projekt (110622-CP-1-2003-1-DE-Grundtvig-G1) im Rahmen des Socrates Programms der Kommission Bildung und Kultur der Europäischen Union. Flensburg 2005. http://www.hsu-hh.de/zeuner/index_o3RBEFQKMp7s3elZ.html (Abruf: 19.07.2013)

Daniela Holzer

Wissenschaftliches Wissen: Kritisch betrachten und reflexiv nutzen

Wissenschaftlichem Wissen haftet der Schein objektiver und allgemeingültiger Wahrheit an, obwohl Wissenschaftskritik schon lange, wenn auch oft ungehört, ihre Stimme dagegen erhebt. In letzter Zeit erfährt das in traditioneller Wissenschaft (vgl. Horkheimer 1937/2011) hervorgebrachte Wissen insofern weiter zunehmende Bedeutung, als evidenzbasierte Entscheidungen derzeit als essentiell für strategische Handlungen proklamiert werden. „Evidence based policy" ist nur ein Beispiel dafür, dass Strategien und Handlungen an überprüfbaren, wissenschaftlich produzierten Daten orientiert werden sollen. Die Produktion dieser Daten, dieses Wissens wird dabei ebenso wenig hinterfragt wie die Gültigkeit des ausgewählten Wissens, wodurch der Annahme Vorschub geleistet wird, die erfasste Evidenz sei richtig, wahr und objektiv. Dem entgegen lässt sich jedoch zeigen, dass sowohl die Art und Weise, wie wissenschaftliches Wissen hervorgebracht wird, als auch, welche Schlüsse und Erkenntnisse daraus gezogen werden, abhängig und beeinflusst sind von Interessen, Haltungen, methodologischen Einschränkungen, Voraannahmen etc.

Bildung, die sich als kritisch versteht, ist daher aufgefordert, wissenschaftliches Wissen zwar für sich zugänglich und nutzbar zu machen, gleichzeitig aber nicht blind auf das produzierte Wissen zu vertrauen, sondern es vielmehr kritisch auf Lücken, Interessen, Herrschaftsimplikationen, Verfälschungen, ideologische Momente hin zu befragen. Inwiefern kritische Bildung und wissenschaftliches Wissen kritisch und reflexiv miteinander verknüpft werden könnten, wird im folgenden Beitrag nachgespürt. In einem skizzenartigen Aufriss werden nach einigen grundsätzlichen Überlegungen zunächst vier Illusionen aus Bildung und Wissenschaft benannt, denen vier Entwürfe entgegengestellt werden. In vier Thesen werden zum Abschluss einige Gedanken zur Nutzung und Vermittlung von wissenschaftlichem Wissen in kritischen Bildungszusammenhängen angerissen.

Kritische Wissenschaft, kritische Bildung, kritische Kompetenzen

Die Frage, welche Rolle wissenschaftliches Wissen im Rahmen kritischer Bildung einnehmen und in welchen Formen es vermittelt und Grundlage für kritische Urteilskraft und soziale Praxis werden kann, erfordert ein paar Bezüge auf Grundlagen, die hier nur in kurzen Hinweisen erfolgen können. In einem sehr breiten Verständnis ist jede Wissenschaft auf Kritik angewiesen, da ein kritischer Blick nötig ist, um überhaupt Bestehendes darauf zu befragen, was noch dahinter verborgen sein könnte (vgl. z.B. Lösch/Thimmel 2010, S. 7). Für als kritisch bezeichnete Wissenschaft ist jedoch ein spezifischerer Zugang relevant, in dem soziale Verhältnisse, Ungleichheiten, Macht- und Herrschaftsverhältnisse in den Blick genommen werden. Solche Kritik richtet sich auf die Grundverständnisse gesellschaftlicher Normen und Verhältnisse und stellt Vorhandenes radikal in Frage.

Unter „Kritische Theorien" gefasst, vertritt eine solche Wissenschaft zudem den Anspruch, nicht lediglich kritisch zu analysieren, sondern sich auch für Veränderungen einzusetzen. Soziale Praxis wird damit zu einer Aufgabe kritischer Wissenschaft und Selbstkritik zu einem wesentlichen Moment des Wissenschaftsverständnisses (vgl. z.B. Adorno 2003, Steinert 2007, Pongratz 2010, Demirović 2008, 2010). Zumeist an solcher kritischer Theorie orientiert, versteht kritische Bildung ihren Auftrag darin, ungerechte, negativ zu bewertende Verhältnisse nicht nur in den Blick zu bringen, sondern dazu beizutragen, Handlungs- und damit Veränderungsfähigkeit zu entwickeln. Solche Bildung ist nicht Technologie, Methode oder Verfahren, sondern wesentlich von spezifischen Inhalten und Interessen geprägt. In diesem Sinn hat Oskar Negt sowohl sein exemplarisches Lernen entwickelt, wo er unter anderem die notwendige Einheit von Methode und Inhalten formuliert (vgl. Negt 1975, S. 14), als auch seine gesellschaftlichen (kritischen) Kompetenzen, in denen zentrale gesellschaftskritische und -politisch relevante Themenkomplexe abgesteckt werden (vgl. Negt 2010, S. 218ff., auch Zeuner 2009).

In diesen gesellschaftlichen Kompetenzen, in denen Ökonomie, Ökologie, Geschichts- und Zukunftsverständnis, Identitätsbildung, Gerechtigkeit und Technologie zentrale Stellungen erhalten, kann wissenschaftliches Wissen wesentliche Informationsquelle werden. Allerdings bedarf es kritischer Prüfung dieses Wissens und eines Verständnisses, welches kritische Bildung und kritische Wissenschaft nicht als voneinander getrennte Bereiche versteht. Zukünftige Entwicklungen und gesellschaftliche Veränderungen können dabei nur in einem gemeinsamen Diskussionsprozess entwickelt werden, da niemand den Anspruch stellen kann, es besser zu wissen und daraus einen Entwurf zu verfassen, der lediglich noch vermittelt werden muss. Zu sehr sind die KritikerInnen selbst Teil der Verhältnisse, ist ihr Denken und Handeln von bestehenden Normen geprägt und ein absoluter Außenstandpunkt daher nicht möglich (vgl. z.B. Pongratz 2010, Steinert 2007). Vielmehr bedarf es gemeinsamer, schrittweiser Entwicklungen. In diesem Sinne sind die folgenden Ausführungen lediglich einige Anregungen.

Vier Illusionen

Illusion 1: Bildung ist kritisch.

Viele Akteure in der Bildungswissenschaft und -praxis nähren, auch für die eigene Versicherung, den Entwurf, Bildung sei an sich kritisch. Diese Annahme ist nicht nur angesichts dessen nicht haltbar, was derzeit alles unter „Bildung“ firmiert, sondern verkennt zudem den Entstehungshintergrund des Bildungsbegriffs. In seiner Entstehung in der Zeit des Aufstiegs des Bürgertums in der Aufklärung war Bildung zwar zum einen kritisch konzipiert, zum anderen aber mit Grenzen ausgestattet, um die Kritik nicht zu weit zu treiben. Sich selbst mittels der Vernunft aus der selbstverschuldeten Unmündigkeit zu befreien, war ein Konzept, sich von feudalen Herrschafts- und Machtverhältnissen zu emanzipieren, und insofern ist Bildung im Ansatz kritisch, emanzipatorisch, mündigkeitsorientiert und herrschaftskritisch. Zugleich steckt in diesem bürgerlichen Bildungsbegriff der Anspruch, die Herrschaft und Macht des Bürgertums selbst nicht weiter zu hinterfragen, und setzt somit klare Grenzen der Herrschaftskritik. Bei Kant äußert sich dies beispielsweise in der Aufforderung, zwar frei zu denken, sich aber (politisch) handelnd der Herrschaft zu fügen (vgl. Ribolits 2009, Pongratz 2010).

Dennoch haftet der „Bildung“ weiterhin der Impetus an, kritisch zu sein oder zumindest einen kritischen Anspruch zu versuchen. Aber selbst wenn Kritik ein Element von Bildung ist, bleibt dennoch die Frage offen, von welcher Kritik die Rede ist: Individuelle Emanzipationsbestrebungen mögen kritische Ansätze in sich tragen, sie reichen allerdings nicht so weit, bestehende Verhältnisse grundlegend zu hinterfragen und an solidarischer Praxis ausgerichtet zu sein. Dass radikale kritische Bildung häufig ausbleibt, sieht Ribolits unter anderem darin begründet, dass es für die Pädagogik „bequemer [ist], auf der Mikroebene der pädagogischen Beziehungen zu bleiben und dort nach den ‚Bedingungen der Möglichkeit von Bildung' zu suchen" (Ribolits 2007, S. 30), statt radikale Veränderungen anzustreben.

Illusion 2: Kritik tut wohl.

Einer widerständigen, radikalen Kritik haftet zuweilen das Pathos des Guten, des Weltverbessernden, des „Gutmenschen" an. Genährt mag dieses Bild von der Intention sein, die Verhältnisse human, gerecht, frei, solidarisch zu gestalten. Diese Ziele und Intentionen sind gut zu heißen und geben eine Denk- und Handlungsrichtung vor. Allerdings wird dabei häufig übersehen, dass radikale Kritik ziemlich schmerzhaft ist. Und eine Kritik, die auf Freiheit, Gerechtigkeit und Solidarität zielt, muss notwendig radikal sein. Sie muss bestehende Verhältnisse nicht nur ein wenig verbessern, sondern die Ursachen von Unfreiheit, von Ungleichheit, von Benachteiligung, von Leid freilegen und der Veränderung zuführen. Solche Kritik ist unbequem, schmerzhaft und zuweilen frustrierend, nichtsdestoweniger aber notwendig.

Ahlheim empfiehlt dafür, den unbequemen Adorno wiederzuentdecken, „der die Frage der Aufklärung, der politischen Bildung, der ‚Erziehung nach Auschwitz' ebenso selbstverständlich wie unerbittlich, ganz materialistisch und ganz anders als der gängige pädagogische Diskurs mit der Frage nach der zerstörenden Realität kapitalistischer Gesellschaften verbindet" (Ahlheim 2010, S. 55). Zusammenhänge zu erkennen, offen sein für Ungerechtigkeit und Leid, Ursachen der schlechten Bedingungen zu finden, heißt aber auch, sich angesichts der Komplexitäten und Machtstrukturen ohnmächtig zu fühlen. Es heißt auch zu erkennen und zu verstehen, wie weit wir in die Verhältnisse verstrickt sind, von diesen genormt und geformt sind und wie schwierig es ist, sich daraus zu befreien (vgl. Demirović 2008). Es heißt auch, sich selbst, das eigene Tun immer wieder zu hinterfragen, die eigene Identität damit ins Wanken zu bringen. Es heißt auch, Ungerechtigkeit zu sehen, Leid wahrzunehmen. Das alles schmerzt. Insofern ist es verständlich, dass sich Kritik zuweilen auf einfachere und weniger radikale Aspekte zurückzieht und emanzipatorische Bestrebungen individuell interpretiert werden. Aber Kritik, die innerhalb von Denk- und Handlungsgrenzen agiert, ist nicht dazu geeignet, Ursachen zu ergründen, Macht- und Herrschaftsverhältnisse grundlegend in Frage zu stellen und Potenzial für radikale Veränderungen zu sein. Solange gesellschaftliche Verhältnisse voll von Leiden sind, ist Kritik zwar auf deren Abschaffung auszurichten und doch zugleich im Prozess nicht nur schön, gut und wohltuend, sondern eben auch schmerzhaft in der Wissensaneignung, der Reflexion und Selbstkritik.

Illusion 3: Wissenschaft ist objektiv.

Mit der dritten Illusion betreten wir nun den Bereich der Wissenschaft, die sich, zumindest zum größten Teil, den Anstrich gibt, Wahrheiten zu entdecken, objektiv den Blick auf die Welt zu richten und Wirklichkeiten neutral zu erfassen. Selbst wenn Wahrheit nicht zur Gänze erfassbar sei, so nähere sich Wissenschaft dieser doch stetig an. Mit Kriterien der Objektivität, Neutralität und Widerspruchsfreiheit soll dieser Anspruch gesichert werden. Kritische Wissenschaft hingegen verweist darauf, dass Wahrheit historisch eingebettet und damit keine universell gültige Kategorie darstellt, und zeigt auf, dass Forschung nicht unabhängig von persönlichen, gesellschaftlichen und politischen Interessen sein kann. Bereits die Auswahl einer Forschungsfrage, auch wenn sie auf den ersten Blick unabhängig zu erfolgen scheint, unterliegt subjektiven Interessen und gesellschaftlichen Formungen und Vorannahmen (vgl. z. B. Demirović 2008, Schäfer 2009). Mit jeder Frage, die die Wissenschaft stellt, richtet sie den Fokus auf eine bestimmte Weise auf die Welt, die durch gesellschaftliche Verhältnisse bestimmt ist, in die auch die ForscherInnen verstrickt sind. Die Welt in ihrer Komplexität lässt sich auch mit noch so ausgefeilten Messmethoden nie vollständig und neutral erfassen, wodurch empirische Daten, Inbegriff „objektiver" Wirklichkeitsbeschreibung, lediglich einen kleinen, beschränkten Ausschnitt wiedergeben können (vgl. Adorno 2003, Schäfer 2009). Das neue „Wundermittel" evidenzbasierter Entscheidungen steht damit auf wackeligen Beinen. Wenn wissenschaftliche Erkenntnisse

Grundlage politischer Entscheidungen sein sollen, stellen sich aus kritischer Perspektive viele Fragen, z. B.: Inwiefern können Erkenntnisse und Daten einzig entscheidungsrelevant sein, wenn diese doch nur Teilaspekte abbilden können? Welche Folgen haben evidenzbasierte Entscheidungen, wenn bereits die Erkenntnisse selbst von Interessen und Machtstrukturen geprägt sind? Unter dem Deckmantel angeblicher Wahrheit und Objektivität gehen Macht- und Herrschaftsinteressen von Politik und Wissenschaft Hand in Hand und wissenschaftliches Wissen erhält den Status, außerhalb der Verhältnisse zu stehen, objektiv sein zu können, „über den Dingen zu stehen". Wissenschaft wird dadurch zu einer unangreifbaren Autorität stilisiert, Daten zu einer „Gottheit".

Illusion 4: Wissenschaftliches Wissen ist die Grundlage für Handlungen.

In der vierten Illusion greife ich die gerade benannten Momente nochmals auf. Wenn wissenschaftliches Wissen als neutral, objektiv, wahr und außerhalb von Macht- und Herrschaftsverhältnissen stehend angesehen wird, wird der Wissenschaft eine neutrale Außenperspektive zugeschrieben. Sie stehe quasi „über den Dingen", ist von konkreten Handlungen unabhängig und liefert so lediglich die Grundlagen für Entscheidungen und Handlungen, ist in diese aber nicht direkt involviert. In solchen Verständnissen liefert Wissenschaft zuerst Erkenntnisse und Wissen und erst dann folgen daraus mögliche Handlungen. Solche Sichtweisen ignorieren die gesellschaftliche Bedingtheit von Wissenschaft und deren Produktion von Wissen und sie trennen künstlich zwischen der Produktion und der Anwendung von Erkenntnissen. Einem kritischen Wissenschaftsverständnis verpflichtet, wird Wissenschaft zu einem Element von möglichen Handlungen, ist diesen aber weder vorgelagert noch davon unabhängig. Insofern besteht die Nuance dieser Illusion darin, dass Wissenschaft nicht unabhängige Grundlage für Handlungen sein kann, sondern bereits selbst Teil von Handlung ist, und dass wissenschaftliches Wissen so weder vor- noch nachgelagert, sondern „mittendrin" ist. Allerdings nähren WissenschaftlerInnen selbst gerne den Mythos der übergeordneten Autorität, da sie dadurch vermeiden können, selbst aktiv handeln und die Folgen der wissenschaftlichen Erkenntnis verantworten zu müssen.

Vier Entwürfe

Entwurf 1: Kritisch-emanzipatorische Bildung

Dem begrenzt kritischen, bürgerlichen emanzipatorischen Bildungsbegriff kann ein kritisch-emanzipatorischer Bildungsbegriff entgegengesetzt werden (vgl. Messerschmidt 2009, S. 123). Wie bereits in der Illusion 1 geschildert, gründet ein emanzipatorisches Bildungsverständnis im bürgerlichen Aufstieg und ist zwar auch kritisch und reflexiv, allerdings wurde sie in der gesellschaftlichen Einbettung darauf beschränkt, der Etablierung des Bürgertums und damit kapitalistischen Verhältnissen zu dienen. In diesen gesellschaftlich gesetzten Grenzen ist begründet, dass im Laufe der Jahrzehnte der emanzipatorische Gehalt sich primär auf individuelle Emanzipation beschränkte, auf die Veredelung des Menschen, dessen Persönlichkeitsentwicklung etc., der herrschaftskritische Anspruch aber zurückgedrängt wurde.

Kritische, kritisch-emanzipatorische Bildung ist ein Projekt kritischer Zugänge, die die Kritik beim Wort nehmen und somit auch die aktuell bürgerliche Herrschaft in die Kritik nimmt, Verhältnisse grundlegend in Frage stellt und damit die Kritik weitertreibt. Kritische Bildung orientiert sich nicht nur an individueller Emanzipation, sondern versteht diese als solidarisches Projekt: Emanzipation ist nur mit allen oder gar nicht möglich (vgl. Ribolits 2011).

Kritische Bildung ist gesellschafts- und herrschaftskritisch, nimmt Interessen in den Blick und ist an solidarischem Handeln orientiert. Sie nimmt gesellschaftliche Veränderungen in den Blick, will politische und nicht lediglich „geistige“ Aktivitäten. Reflexion und Selbstreflexion werden zu zentralen Elementen, sich selbst als Teil der Verhältnisse zu verstehen, die eigenen Verwobenheiten aufzufinden und Möglichkeiten, aber auch Grenzen des Handelns auszuloten. Solche Bildung ist, wie Erich Ribolits formuliert, zwecklos und wertlos. Sie ist zwecklos, weil sie nicht an der Nutzbarkeit für den Arbeitsmarkt, für die kapitalistische Ökonomie orientiert ist und damit keinen Zweck im Sinne einer instrumentellen Verwertung verfolgt. Wertlos ist solche Bildung insofern, als in der kapitalistischen Ökonomie mit Wert der Tauschwert einer Ware bezeichnet wird, kritische Bildung nicht Ware, nicht verkaufbar oder käuflich ist und sein soll. Gerade darum ist sie sinnvoll, mit Sinn in einem emanzipatorischen

Verständnis erfüllt (vgl. Ribolits 2009). Solche kritische Bildung setzt sich reflexiv und kritisch mit wissenschaftlichem Wissen auseinander.

Entwurf 2: Kritischer Umgang mit wissenschaftlichem Wissen

Da Wissenschaft weder neutral noch objektiv, sondern vielmehr interessensgeleitet ist, bedarf es eines entsprechend kritischen Umgangs mit wissenschaftlichen Erkenntnissen. Wenn Daten, Fakten, Zahlen, Studien als Begründungsinstrumente herangezogen werden, bleibt vielfach unthematisiert, dass sich je nach Interesse sehr unterschiedliche, sich zuweilen widersprechende Studien heranziehen lassen. Bereits dies verweist darauf, dass die Produktion von wissenschaftlichem Wissen interessensgeleitet ist. Dies bedeutet allerdings nun nicht, auf wissenschaftliche Erkenntnisse per se zu verzichten, sondern erfordert vielmehr einen entsprechend kritischen Umgang mit diesen Erkenntnissen. Mögliche Reflexionsfragen, die an die jeweiligen Erkenntnisse zu stellen sind: Wer hat die Forschung in wessen Auftrag durchgeführt? Welche Fragen wurden warum gestellt? Was wurde warum ausgelassen? Wie werden Ergebnisse von wem interpretiert?

Anhand von zwei Beispielen lässt sich die Problematik etwas beleuchten. Das erste Beispiel betrifft soziologische Studien zur Arbeitslosigkeit, in denen die Erkenntnis hervorgebracht wird, diese führe zu Identitätskrisen, Sinnverlust, Depressionen etc.. Dies lässt sich in zwei Richtungen interpretieren und nutzbar machen: Die vorherrschende Argumentation ist, dass alle in Arbeitsprozesse integriert werden sollen, um die negativen Folgen zu beseitigen. Allerdings ließen die vorhandenen Ergebnisse auch zu, eine Auflösung des vorherrschenden Arbeitsethos und die damit einhergehende enge Verknüpfung von Identität, Sinn und Erwerbsarbeit anzustreben. Wenn Identität und Sinnstiftung nicht an Erwerbsarbeit gebunden wären, zeigten sich vermutlich keine solchen negativen Nebenwirkungen von Arbeitslosigkeit.

Ein zweites Beispiel ist die Argumentation, höhere formale Ausbildung führe zu geringerer Arbeitslosigkeit. Statistische Daten zeigen, dass z.B. AkademikerInnen im Verhältnis deutlich weniger von Arbeitslosigkeit und Langzeitarbeitslosigkeit betroffen sind. Allerdings beruhen daraus folgende Aussagen, Höherqualifizierung reduziere Arbeitslosigkeit, auf einer wesentlichen Auslassung und Unterkomplexität: Mit Höherqualifizierung werden weder automatisch mehr Arbeitsplätze geschaffen noch reicht der Arbeitsmarkt in der derzeitigen Form dafür aus, alle, selbst wenn sie noch so qualifiziert wären, in Erwerbsarbeit aufzunehmen. Wissenschaftliches Wissen braucht demnach Räume, kritisch entwickelt zu werden, aber auch alternative Interpretationen und kritische Annäherungen.

Entwurf 3: Kritische Bildung und wissenschaftliches Wissen

Aus einem kritischen Umgang heraus und in Verbindung mit kritischer Bildung eröffnen sich nun Räume, wissenschaftliches Wissen kritisch nutzbar zu machen. Nehmen wir beispielsweise die von Oskar Negt formulierten gesellschaftlichen Kompetenzen, so zeigt sich, dass wissenschaftliches Wissen einen wesentlichen Beitrag zur inhaltlichen Auseinandersetzung leisten kann und soll. Um technologische Folgen abschätzen zu können, bedarf es entsprechender Technikfolgenforschung. Die historische Einbettung von aktuellen Geschehnissen bedarf einer entsprechenden historischen Forschung. Ungerechtigkeit sichtbar zu machen, kann und soll Aufgabe von Forschung sein, um daran anknüpfend danach zu suchen, wo und wie Ungerechtigkeit aufgehoben werden könnte. In seinen Überlegungen zum exemplarischen Lernen formuliert Negt ganz konkret die Wichtigkeit wissenschaftlicher Erkenntnisse, die allerdings in entsprechend nachvollziehbare Sprache und in spezifische, eben exemplarische, Lernformen gebracht werden müssen (vgl. Negt 1975).

Wissenschaftliches Wissen spielt in der kritischen Bildung die Rolle einer wichtigen Ergänzung zum Alltagswissen. Alltagswissen ist in hohem Ausmaß von individuellen subjektiven Erfahrungen geprägt, die den eigenen Lebensumständen entspringen. So kann ich z. B. bei Studierenden immer wieder beobachten, dass sie sich ihrer teilweise privilegierten Position gar nicht bewusst sind. In ihrem Alltag und Lebensumfeld treffen sie kaum oder gar nicht auf Ausgeschlossene, Benachteiligte oder Geringqualifizierte und Kritik an Verhältnissen wird mit der subjektiven Wendung begegnet, „Das kann nicht stimmen, weil für mich persönlich…". Hier bedarf es einer Bezugnahme auf Abstraktionen, auf Zusammenhänge, auf wissenschaftliches Wissen. Das heißt nicht, dass Einzelfälle unwichtig sind, aber es heißt, dass diese in einen größeren Zusammenhang gestellt werden müssen. Insofern ist wissenschaftliches Wissen dazu geeignet, den Blick auf komplexere Zusammenhänge zu richten, soziale Zusammenhänge sichtbar zu machen, globale Verwebungen zu thematisieren.

Entwurf 4: Kritische Wissenschaft und soziale Praxis

Kritische Wissenschaft begnügt sich nicht damit, die Welt zu beschreiben und Ursachen innerhalb der vorherrschenden Logik zu suchen. Sie macht sich vielmehr zur Aufgabe, diese Logiken selbst kritisch in den Blick zu nehmen, und erhebt für sich den Anspruch, Teil sozialer Praxis zu sein. Das muss nicht unbedingt heißen, dass alle WissenschaftlerInnen sich auf herkömmliche Weise sozial und politisch sichtbar engagieren. Kritische Praxis ist vielmehr vielfältig und in unterschiedlicher Weise wirksam. Unumgänglich ist aber, dass sich kritische WissenschaftlerInnen sozialer und verändernder Praxis verpflichtet fühlen und in ihrer Forschung dies als Grundthema nie aus dem Blick geraten lassen. Solche Wissenschaft sucht die Nähe zu politischer Praxis, sie versucht, sich in Forschung, Lehre und der Mitwirkung in unterschiedlichsten Institutionen kritisch einzubringen. Sie kann sich nicht auf eine neutrale Außenposition zurückziehen. Kritische Wissenschaft sieht ihre Position daher in einer engen Wechselwirkung mit sozialer Praxis und trotz teilweise unterschiedlicher Logiken von Forschung und Praxis werden Übergänge gesucht, sind ein Austausch und eine gegenseitige Beeinflussung dezidiertes Anliegen.

Dies ist ein gänzlich anderer Zugang als jener traditioneller Wissenschaft, die sich abseits konkreter politischer und sozialer Handlung und somit neutral und objektiv versteht. Dass eine solche Außenposition illusionär ist, wurde bereits thematisiert: Auch scheinbare Objektivität und Neutralität, auch Wissenschaft, die angeblich abseits sozialer Praxis steht, ist involviert. Auch angebliche Objektivität ist politische Praxis, hier eben die Praxis, sich wichtiger zu nehmen, sich alleinige Urteilsfähigkeit zuzuschreiben und damit beispielsweise hierarchische Verhältnisse zu reproduzieren.

Vier Thesen

These 1: Wissenschaftliches Wissen zu vermitteln heißt zunächst, Wissenschaft nicht mehr so ernst nehmen.

Auf den ersten Blick scheint es ein wenig befremdlich, wie ich als Wissenschaftlerin eine solche These aufstellen kann. Nehme ich mich selbst nicht so wichtig? In der Tat ist das aus meiner Sicht ein notwendiges Ergebnis eines kritischen Wissenschaftsverständnisses. Wissenschaft als Teil gesellschaftlicher Verhältnisse zu verstehen, als involviert in soziale Praxis, erfordert, von aufgeblasenen Annahmen eigener Wichtigkeit abzulassen. Sieht sich traditionelle Wissenschaft gern als Hervorbringerin und Hüterin des richtigen und wahren Wissens und versteht sie ihre Position als neutral und objektiv, begründet sie daraus einen Anspruch auf hohe Wichtigkeit. Selbst kritische WissenschaftlerInnen verfallen häufig in diesen Gestus des Besserwisserischen, wo doch hingegen eigentlich Selbstkritik und eine Relativierung der eigenen Position gefordert wäre. Wissenschaft nicht mehr so ernst zu nehmen, wie es die Öffentlichkeit, die Politik und die Wissenschaft selbst gerne tut, eröffnet aber erst den Raum für eine kritische Nutzung wissenschaftlichen Wissens. Wissenschaftliches Wissen ist dann für soziale Praxis nur noch ein Aspekt unter vielen anderen. Die Erkenntnisse werden kritisch beurteilt. Es kann auf Leerstellen verwiesen werden. Interpretationen können als auch anders möglich gedacht werden. Es kann aufgezeigt werden, dass es auch anderes wichtiges Wissen gibt. Wissenschaft vom „göttlichen Thron" zu stoßen ist eine Voraussetzung für einen kritisch-reflexiven Umgang mit den Erkenntnissen.

These 2: Die Vermittlung von Wissenschaft muss fragend, nicht belehrend erfolgen.

Von der erhöhten Position der besserwissenden Wissenschaft herab kann nur belehrt werden. „Ich weiß etwas, was du nicht weißt und du hast keine Chance, mich zu hinterfragen. Ich spreche Wahrheit." Eine solche, weitverbreitete Position von WissenschaftlerInnen reproduziert Macht- und Herrschaftsverhältnisse und verunmöglicht kritische Auseinandersetzung. Nicht zuletzt in der rhetorischen Präsentation wissenschaftlichen Wissens verdeutlicht sich häufig eine solche Positionierung. Wissenschaftssprache und die Bezugnahme auf entsprechende Forschungsergebnisse macht es für WissenschaftlerInnen möglich, das Gegenüber unwissend erscheinen zu lassen und die eigene Position zu stärken.

Negt verweist in seinem Entwurf exemplarischen Lernens auf diese sprachlichen und inhaltlichen Dimensionen (vgl. Negt 1975, S. 74ff.). Eine solcherart unterfütterte belehrende Vermittlung trägt weder zu Kritik noch zu Urteilskraft bei. Denn urteilen darf und kann in so einem Verständnis nur der/die WissenschaftlerIn. Eine fragende Vermittlung legt andere Schwerpunkte: Ausgangspunkte sind Anlässe, persönliche Betroffenheit, konkrete Erfahrungen, an denen sich vielleicht Fragen entzünden können, zu deren Beantwortung wissenschaftliches Wissen herangezogen werden kann. Kritisch und reflexiv werden Urteilsgrundlagen und kritisches Verhalten entwickelt, statt dass jedes Interesse und jede Neugier in einer Fülle angeblich objektiven Wissens und herrschaftsgeformter Bildungsinhalte erstickt wird. Die Vermittlungsaufgabe besteht dann unter anderem darin, Zündfunken für Fragen und Auseinandersetzungen zu legen oder bereits entzündete Fragen zu begleiten. Die Rolle von wissenschaftlichem Wissen und von WissenschaftlerInnen wäre dann: „Ich weiß etwas, was du nicht weißt. Aber dieses Wissen ist nicht per se besser oder richtiger, sondern es ist vor allem anderes Wissen. Ich versuche, dich daran teilhaben zu lassen. Lass du mich auch an deinem Wissen teilhaben."

These 3: Kritisches wissenschaftliches Wissen formt nicht Urteilskraft, sondern ergänzt sie.

Weder traditionelle noch kritische Wissenschaft formt mit ihren Ergebnissen per se Urteilskraft. Selbst wenn jede Wissenschaft eine gewisse Kritikfähigkeit erfordert und kritische Wissenschaft im Besonderen auf eine kritische Beurteilung gesellschaftlicher Verhältnisse ausgerichtet ist, sind Forschungsergebnisse nicht von vornherein dazu in der Lage, kritische Urteilskraft hervorzubringen. Wissenschaftliches Wissen kann aber Urteile zur Diskussion stellen und mit ergänzendem Wissen Grundlagen für die Urteilsbildung zur Verfügung stellen. Um zu Urteilen zu gelangen, brauchen wir (auch, nicht nur) Informationen, Wissen, Kenntnisse, und Wissenschaft kann dazu einen wichtigen Beitrag leisten (eine kritische Prüfung der Ergebnisse wiederum vorausgesetzt). Wissenschaft bildet aber aus meiner Sicht nicht die Grundlage für Urteilskraft, vielmehr setzt sie Urteilskraft sogar voraus. Kritik, Reflexion und Urteilskraft heißt, „sich nicht dumm machen lassen" (Steinert 2007, S. 223). Es braucht dazu eine Art „seismographisches Instrumentarium" (Pongratz 2010, S. 9) zur Wahrnehmung von Ungerechtigkeit, von Ursachen, von komplexen Zusammenhängen. Es braucht dazu aber auch Übung und Wissen. Dies alles sind Aufgaben kritischer Bildung und wissenschaftliches Wissen kann dazu einen Beitrag leisten, allerdings trägt sie nur in Verbindung mit weiteren Elementen zur Urteilskraft bei und bringt sie nicht per se hervor.

These 4: Wissenschaft muss vereinfachen und komplizieren gleichzeitig.

Wissenschaftliches Wissen zu vermitteln scheitert nicht zuletzt häufig an der spezifischen Fachsprache, die zum einen für wissenschaftliche Kommunikation und Weiterentwicklung notwendig ist. Zum anderen wird diese Fachsprache aber auch gerne dazu genützt, sich abzuheben, eben „abgehoben zu klingen", sich wichtig zu machen, sich über andere zu stellen. Wissenschaftliches Wissen zu kommunizieren bedarf daher gewisser Vereinfachungen, sowohl der Sprache als auch der Inhalte (vgl. Negt 1975). Dies kann entweder durch WissenschaftlerInnen selbst erfolgen oder durch „ÜbersetzerInnen", die einen Übergang herstellen, und ich halte beide Wege für wichtig, richtig und sich ergänzend. Insofern muss wissenschaftliches Wissen also vereinfacht werden. Gleichzeitig aber ist es Aufgabe von Wissenschaft, Sachverhalte zu verkomplizieren. Und zwar insofern, als es ihre Aufgabe ist, komplexe Zusammenhänge aufzuzeigen. Sie muss Oberflächlichkeiten durchdringen, um tieferliegende Ursachen freizulegen. Sie muss Einzelfälle und subjektive Erfahrungen in strukturelle Zusammenhänge bringen. Diese Verkomplizierungen sind nötig, um zu zeigen, dass vereinfachende Antworten unzureichend sind und der komplexen Welt nicht gerecht werden. Erst wenn verwobene und komplizierte Zusammenhänge und Ursachen sichtbar gemacht werden können, lassen sich verändernde Handlungen andenken und umsetzen. Wissenschaft ist daher gefordert, solche komplexen Zusammenhänge kommunizierbar aufzuzeigen.

Am Ende: Fragen statt Antworten

Dem Entwurfscharakter meiner Ausführungen entsprechend, möchte ich am Ende des Beitrags keine Zusammenfassung liefern, kein Resümee ziehen, keine Ausblicke formulieren. Schwierige Fragen scheinen mir angebrachter als einfache Antworten, z.B.: Wie kann es gelingen, Erkenntnisse kritischer Wissenschaft so in Diskussionen und Entscheidungen einzuschleusen, dass derzeit genutzten „Evidenzen“ der Boden entzogen wird?

Warum hinterfragt kritische Wissenschaft und kritische Bildung zu selten selbstkritisch ihren eigenen Wahrheitsanspruch?

Wodurch ließe sich der vorherrschende Glaube an die Objektivität und Wahrheit wissenschaftlichen Wissens erschüttern? …

> *„Beunruhigend bleiben Fragen, die nicht mit einer Antwort aufgelöst werden können, und Kritik, die unabschließbar bleibt. (…) Vieles ist dabei möglich, bloß keine Flucht aus der Anstrengung des Denkens, und vieles kann dabei aufgegeben werden, bloß nicht das Nachdenken“* (Messerschmidt 2007, S. 145).

Literatur

Adorno, T.W. (2003): Negative Dialektik. Frankfurt am Main: Suhrkamp

Ahlheim, K. (2010): Theodor W. Adornos „Erziehung nach Auschwitz“ – Rezeption und Aktualität. In: Ahlheim, Klaus/Heyl, Matthias (Hrsg.): Adorno revisited. Erziehung nach Auschwitz und Erziehung zur Mündigkeit heute. Hannover: Offizin, S. 38–55

Demirović, A. (2008): Leidenschaft und Wahrheit. Für einen neuen Modus der Kritik. In: ders. (Hrsg.): Kritik und Materialität. Münster: Verlag Westfälisches Dampfboot, S. 9–40

Demirović, A. (2010): Bildung und Gesellschaftskritik. Zur Produktion kritischen Wissens. In: Lösch, Bettina/Thimmel, Andreas (Hrsg.): Kritische politische Bildung. Ein Handbuch. Schwalbach/Ts.: Wochenschau Verlag, S. 65–76.

Horkheimer, M. (1937/2011): Traditionelle und kritische Theorie. Vier Aufsätze. Frankfurt a. Main: Fischer Taschenbuch-Verlag

Lösch, B./Thimmel, A. (2010): Einleitung. In: Lösch, Bettina/Thimmel, Andreas (Hrsg.): Kritische politische Bildung. Schwalbach: Wochenschau Verlag, S. 7–10

Messerschmidt, A. (2007): Immanente Gegensätze. Nachdenken über eine selbstkritische Bildungstheorie mit Gernot Koneffke. In: Bierbaum, Harald/Euler, Peter/Feld, Katrin/Messerschmidt, Astrid/Zitzelsberger, Olga (Hrsg.): Nachdenken in Widersprüchen. Gernot Koneffkes Kritik bürgerlicher Pädagogik. Wetzlar: Büchse der Pandora, S. 145–154

Messerschmidt, A. (2009): Verdrängte Dialektik. Zum Umgang mit einer widersprüchlichen Bildungskonzeption in globalisierten Verhältnissen. In: Bünger, Carsten/Euler, Peter/Gruschka, Andreas/Pongratz, Ludwig A. (Hrsg.): Heydorn lesen! Herausforderungen kritischer Bildungstheorie. Wien: Schöningh, S. 121–135

Negt, O. (1975): Soziologische Phantasie und exemplarisches Lernen: zur Theorie und Praxis der Arbeiterbildung. Überarb. Neuauflage. Frankfurt am Main, Köln: Europäische Verlagsanstalt

Negt, O. (2010): Der politische Mensch. Demokratie als Lebensform. Göttingen: Steidl

Pongratz, L.A. (2010): Kritische Erwachsenenbildung. Analysen und Anstöße. Wiesbaden: VS-Verlag

Ribolits, E. (2009): Bildung ohne Wert. Wider die Humankapitalisierung des Menschen. Wien: Löcker

Ribolits, E. (2011): Bildung – Kampfbegriff oder Pathosformel. Über die revolutionären Wurzeln und die bürgerliche Geschichte des Bildungsbegriffs. Wien: Löcker

Schäfer, A. (2009): Hegemoniale Einsätze. Überlegungen zum Ort der Kritik. In: Bünger, Carsten/Euler, Peter/Gruschka, Andreas/Pongratz, Ludwig A. (Hrsg.): Heydorn lesen! Herausforderungen kritischer Bildungstheorie. Wien: Schöningh, S. 193–214

Steinert, H. (2007): Das Verhängnis der Gesellschaft und das Glück der Erkenntnis: Dialektik der Aufklärung als Forschungsprogramm. Münster: Westfälisches Dampfboot

Zeuner, C. (2009): Zur Bedeutung gesellschaftlicher Kompetenzen im Sinne eines kritischen bildungstheoretischen Ansatzes. In: Bolder, Axel / Dobischat, Rolf (Hrsg.): Eigen-Sinn und Widerstand. Kritische Beiträge zum Kompetenzentwicklungsdiskurs. Wiesbaden: VS Verlag, S. 260–281

Katja Petersen

Kompetent und gebildet? Überlegungen zur Aktualität und Wirksamkeit gesellschaftlicher Kompetenzen

Mehr Fragen als Antworten

Welche Rolle kommt dem wissenschaftlichen Wissen im Hinblick auf die gesellschaftlichen Kompetenzen nach Oskar Negt zu? Inwiefern tragen kritische Bildung, gesellschaftliche Kompetenzen und wissenschaftliches Wissen zu Urteilskraft und solidarischer Praxis bei?

So lauteten die Fragen, die auf der Tagung „Emanzipative Politische Bildung: Aufgaben in einer Welt der politischen, ökonomischen und kulturellen Umbrüche" vom 24. bis 26. Januar 2013 in der Heimvolkshochschule in Hustedt stattfand. Die Tagung wollte sich auseinandersetzen mit der 50-jährigen Existenz der Konzeption „Soziologische Phantasie und Exemplarisches Lernen" und 25 Jahren „Kritische gesellschaftliche Kompetenzen: Entwicklungen, Widerstände, Wirkungen." Die folgenden Ausführungen diskutieren diese Fragen nochmals unter einem kritischen Blickwinkel. Beginnen möchte ich mit einem Blick in die Geschichte:

Am Anfang war Geschichte

Im Verlauf des 18. Jahrhunderts, der Epoche der Aufklärung, die gewöhnlich als Folie für die moderne Pädagogik dient, kommt es zur lang entbehrten Verbindung zwischen den wissenschaftlich-gelehrten Diskursen mit individual-, sozial- und gesellschaftspolitischen Fragen. Im Zuge dessen werden auch die bis dato geltenden großen Autoritäten wie Kirche oder absolutistische Fürstenherrschaft kritischen und vernunftgeleiteten Prüfungen unterzogen. Die Idee vom „guten und bildsamen Menschen" im Zentrum aller Wissensbestrebungen sorgt für vielfältige und fruchtbare diskursive Verbindungen. Doch spätestens am Ende des Jahrhunderts der

Hoffnung und des Lichts wird klar, dass der Zuwachs an Wissen auch einen Zuwachs an Unsicherheit, Ernüchterung und Abgründigkeit bedeutet. Die Aufklärung erkennt mehr und mehr ihre Schattenseiten und die koalitionsfreudigen Wissenschaften müssen ihre Grenzen kritisch reflektieren. Auch die Gelehrten geraten zusehends in die Kritik. Provozieren sie nicht Probleme wie „Schreibsucht", „Lesesucht" oder beständige Selbstbespitzelungen?[1] Dienen sie dann noch dem individuellen und gesellschaftlichen Fortschritt oder berauben sie ihn stattdessen mehr und mehr seiner Grundlage? In der Spätaufklärung werden derartige Fragen hitzig diskutiert, denn es geht um die Grenzen der Vernunft und um den Preis des Fortschritts.[2] Auch die Pädagogen stehen vor dem Problem der Ambivalenz. Wie soll man den Spannungszustand zwischen der Erziehung des Menschen zum Bürger auf der einen und der Bildung des Menschen zum Menschen auf der anderen Seite auflösen? Welche Wissensbestände könnten sich dabei als sinnvoll erweisen, welche als gefährlich? Unterschiedlich argumentierende Lager werden eröffnet. Der Pädagoge Joachim Heinrich Campe (1746 – 1818) beispielsweise plädiert für den Weg der Ausbildung des Bürgers zu einem nützlichen Mitglied der Gesellschaft: „Da es nicht mehr bei uns steht, die Menschen wieder simpel, frugal und bedürfnisfrei zu machen: so bleibt uns nichts mehr übrig, als zu versuchen, ob wir sie nicht emsiger, industrieöser und erwerbsamer machen können, damit Einnahme und Ausgabe einigermaaßen [sic] wieder ins Gleichgewicht kommen mögen."[3]

Während sich sein Kollege Karl Philipp Moritz (1756 – 1793) für den Weg der freiheitlichen Bildung des Menschen ausspricht: „Ich fordre [sic] so viel Freiheit und Muße, als nötig ist, über mich selbst, über meine Bestimmung und meinen Wert als Mensch zu denken."[4]

---

1 Vgl. dazu bspw.: Campe, J. H.: Plan zu einer allgemeinen Revision des gesamten Erziehungswesens von einer Gesellschaft praktischer Erzieher, Berlinische Monatsschrift 1783. Allgemeine Revision des gesamten Schul- und Erziehungswesens: von einer Gesellschaft praktischer Erzieher, Bde.1–16, Hamburg, Wolfenbüttel, Wien, Braunschweig 1785 - 1792

2 Vgl. dazu auch: Moritz, K. P. (Hrsg.): Magazin zur Erfahrungsseelenkunde als ein Lehrbuch für Gelehrte und Ungelehrte, Bde. 1-10, 1783-1793, hg. v.: P. und U. Nettelbeck, Nördlingen 1986.

3 Campe, J. H.: Über einige verkannte wenigstens ungenützte Mittel zur Beförderung der Industrie, der Bevölke-rung und des öffentlichen Wohlstandes, Frankfurt a. Main 1969, in: Quellenschriften zur Industrieschulbewe-gung, Band II, S. 4.

4 Moritz, K. P.: Ästhetische Schriften: Das Edelste in der Natur, Erstdruck in: Denkwürdigkeiten, aufgezeichnet zur Beförderung des Edlen und Schönen, Berlin 1786. Hier: Berliner Ausgabe 2013,

Im Zuge solcher Debatten geht es natürlich auch darum, zu bestimmen, welches Wissen auf diesen Wegen von Nöten ist und wem man wie viel Erkenntnis zugestehen oder zumuten kann.[5]

Noch ist man, Wilhelm von Humboldt (1767 – 1835) sei Dank, begeistert von der Idee einer Bildung, die zwar äußere Kontrapunkte braucht, aber vor allem das Individuum zur Vollendung führt. Fest steht aber auch, dass das, was im Bereich der Naturwissenschaften aus voraussagenden Hypothesen möglich und schließlich objektiv nachweisbar ist, den Geisteswissenschaften verwehrt bleibt. Es gibt keine wissenschaftlich messbaren Gewissheiten im Hinblick auf den menschlichen Geist und dessen Potentiale. Wäre dies anders, könnten alle späteren Kritiker der Aufklärung keine Kritik mehr üben, denn Aufklärung wäre sicher gelungen, aber so einfach ist das eben nicht. Die Natur des Menschen entzieht sich beharrlich letzten Gewissheiten. Nur in sehr kleinen Teilbereichen gibt es (objektive und valide) Aussagen, die aber das Ganze nicht erklären. Bis in die heutige Zeit hat das Thema an Brisanz nicht verloren.

Alter Wein in neuen Schläuchen?

Was offenbart der Sprung in die Geschichte für die Gegenwart?

Wissenschaftliches Wissen ist auch heutzutage durchaus begehrt. Gerne wird es werbewirksam eingesetzt oder dient als Legitimationsgrundlage von allerhand sonderbaren Lebensanleitungen. Das „quantified self"[6] beruft sich auf und lebt ebenso von wissenschaftlichen Erkenntnissen wie die Flut publizierter Lebenshilferatgeber oder politische Entscheidungsträger. Die Durchsetzung des Alltags mit derartigen, häufig pseudowissenschaftlichen Antworten ist enorm. Sind das Hinweise darauf, dass wissenschaftliches Wissen inzwischen etwa wieder beruhigt? Sollte es im Gegenteil nicht vor allem anregen, den Weg auf der Suche nach der Wahrheit weiterzugehen, weitere Fragen aufzuwerfen?

---

vollständig durchgesehener Neusatz mit einer Biographie des Autors bearbeitet und eingereicht von Michael Holzinger, S. 14.

5 Vgl. dazu auch: Petersen, K.: „Denn keine grössere Qual kann es wohl geben, als eine gänzliche Leerheit der Seele." Karl Philipp Moritz' Magazin zur Erfahrungsseelenkunde als Bildungsmedium Erwachsener im späten 18. Jahrhundert, Bad Heilbrunn 2013.

6 Unter dem Begriff wird eine relativ neue soziale Bewegung zusammengefasst, die sich mit Praktiken der Ökonomisierung der eigenen Person und des Lebens beschäftigen. Das bezieht sich etwa auf den Bereich der Ernährung, des Sports oder der Gestaltung des Alltags.

Hier muss man sich fragen, inwieweit wissenschaftliches Wissen zu vermeintlichem Existenzwissen gemacht wird, von wem und zu welchem Zweck? Bereits in den 1980er Jahren, angesichts der politischen Fehden im Zeichen des „Kalten Krieges“, wird die Bedeutung des so genannten „Existenzwissens“ diskutiert und auf gesellschaftliche Problemlagen bezogen. So rekurriert Walter Dirks in seinem Aufsatz auf die „Klagen der Lehrherren und Arbeitgeber“, die mangelnde Wissensbestände von Schülern und Studenten feststellen.[7] Heute, dreißig Jahre später und um einige Schul- und Bildungsreformulierungen reicher, existieren derartige Klagen und Pisa-Schock-Nachwirkungen noch immer.

Wie Dirks 1983 weiter schreibt, muss zum Wissen das Wollen hinzukommen – „die Ausrichtung auf Normen, Wertvorstellungen, Ideale.“[8] Unter Berufung auf Sokrates leitet er in seinem Aufsatz den Weg her, der letztlich vom schlichten Wissen in seinen besonderen Verwicklungen mit dem Guten, dem Wahren, dem Schönen und auch dem Vernünftigen zu Bildung wird. Dies ist nicht der Ort, die Stadien der Entwicklung des Bildungsbegriffs von der Aufklärung über den Neuhumanismus bis zum Kritischen Bildungsbegriff des 20. Jahrhunderts darzulegen, jedoch müssen die entscheidenden und immer wiederkehrenden Punkte dieser Entwicklung in den Blick genommen werden. Im Rückgriff auf die geistesgeschichtliche Epoche der Aufklärung und die spätere Auffassung einer Kritischen Bildungstheorie ist ein zeitlos gültiger Begriff dabei vor allem der der Kritik. „Kritik wird begriffen als dialektische Einheit von Erkenntnis und Handeln im Interesse von Emanzipation. Dies geschieht durch das Aufdecken von Widersprüchen und Mängeln in der Gesellschaft und ihrer Aufhebung durch aktive Mitwirkung.“[9]

Freilich ist das Erreichen dieses Zustandes nun keine so leichte Sache und ein bestimmtes Maß von Wissen ist Grundlage von so verstandener

Kritik. Zudem bedeutete dieses Verfahren viel Arbeit, vor allem aber ein hohes Maß an Engagement, das über das eigene Selbst und marktökonomische Interessen hinausginge. Es ist vielmehr eine Haltung als ein einfach zu vermittelndes Konzept.

7 Vgl.: Dirks, W.: Wissen und Bildung, in: Existenzwissen: Frankfurter Hefte extra, 1983, S. 9-16, S. 9

8 Ebd. S, S. 10

9 Geißler, Kh. A.: Berufserziehung und kritische Kompetenz, München 1974, S. 31

Eine allgemein verständliche Vermittlung bestimmter fachbezogener Kenntnisstände und darüber hinaus eben einer kritischen Welthaltung im Sinne von Emanzipation ist ein genuin pädagogisches Tätigkeitsfeld und in den vergangenen 250 Jahren haben auch die Pädagogen dazugelernt und wissen um ihre Möglichkeiten und Grenzen. Dennoch entpuppt sich hier ein Problem als politischer Dauerbrenner: Der Zugang zu Wissen (und Bildung) sollte allen Menschen gewährt sein, er war es nie und ist es bis heute nicht. Seit jeher wirken Formen von Rationalisierungen, Beschneidungen, Bevormundung, von Instanzen, die wissen, was zu wissen notwendig ist. In einem ganz entscheidenden Maße also geht es darum, nicht das Wissen, sondern die Formen von Existenz mit zu berücksichtigen.

Vor der Frage der Vermittlung steht also die Frage nach den Bedingungen der Möglichkeit. Eine kritisch orientierte Erwachsenenbildung weiß darum, sie weiß um die Rangfolge solcher Fragen, um das Problem der Zugangschancen.

Kritische Wissenschaft und kritische Bildung

Ausgangspunkt war die Frage nach dem kritischen Umgang mit wissenschaftlichem Wissen, den Grundlagen für gesellschaftspolitische Praxis sowie möglichen Vermittlungsansätzen kritischer Kompetenzen. Unschwer zu erkennen ist hieraus bereits eine nicht widerspruchslose Verbindung zwischen dem Besonderen und dem Allgemeinen. Diese spielt im Denken Oskar Negts eine wichtige Rolle. Fehlt diese Verbindung oder kann sie nicht hergestellt werden, mangelt es an Mitbestimmungsfähigkeit, an Einspruchsmöglichkeiten, letztlich an demokratischer Teilhabe. Doch wissenschaftliches Wissen unterscheidet sich von Alltagswissen. So steht wissenschaftliches Wissen für Theoriegeleitetheit, intersubjektive Überprüfbarkeit usw. Alltagswissen ist eher ein Wissen, das aus Erfahrungen generiert wird, etwas Subjektives, selten Systematisiertes. Im Alltag geht es um die Bewältigung gegebener Realität und möglicherweise auftretender Schwierigkeiten damit und eher weniger um vorwegnehmende Hypothesen zu möglicherweise auftretenden Problemen. Alltag funktioniert zumeist aufgrund der Anerkennung der Realität, ohne einen permanenten Zweifel am Erkannten. Hier ergibt sich ein weiterer wichtiger Punkt, denn diese Realität hat viele Gesichter. Wir sind umgeben von einer sozialen, einer politischen oder einer kulturellen Realität. „In einer auf fortlaufende Wissenserneuerung und auf biographisch zu erwartenden Orientierungswandel angelegten Kultur lebenslanger Selbstbildung ist es die Wissenschaft, der eine zentrale Bedeutung als Ressource für Erneuerung zukommt." [10]Wissenschaft kann Orientierungsaufgaben unterstützen und ggf. mit der Bereitstellung entsprechenden Wissens Lebenspraxen begleiten. Dennoch ist Eigeninitiative gefragt.

Hier bewegen wir uns, so meine ich, auch in eben diesem Spannungsfeld von Zweifel und Kritik, von Wachsamkeit und Einspruch im Hinblick auf soziale gesellschaftliche und politische Praxen. Dies war auch Bestandteil der Diskussion in der Arbeitsgruppe der Hustedter Tagung. Konsens herrschte darüber, dass der Bildungsbegriff inflationär genutzt wird und unter ökonomischen Prämissen verwendet und verbogen wird. Ähnlich schwierig gestaltet sich die Handhabung des Wissensbegriffs, der ebenfalls stark funktionalistisch konnotiert ist. Angedacht wurde, durch eine Reformulierung des Wissensbegriffs den ökonomischen Verwertungscharakter möglicherweise abzuschütteln. Dabei könnten die auf der Tagung ebenfalls zur Diskussion stehenden gesellschaftlichen Kompetenzen (Identitätskompetenz, Historische Kompetenz, Gerechtigkeitskompetenz, Technologische Kompetenz, Ökologische Kompetenz, Ökonomische Kompetenz) helfen.

Der ebenfalls in der Arbeitsgruppe diskutierte „Messbarkeitswahn" im Hinblick auf Bildung muss in diesem Zusammenhang bedacht werden. Wissenschaft kann ein Reflexionsangebot sein und damit letztlich ihrem kritischen Auftrag ein Stück weit gerecht werden. Wissenschaft schafft Wissen. Allerdings muss da auch Skepsis sein, eine Wahrnehmung, die Kritik zulässt, Kritik braucht Übung und nicht nur Wissen.[11] Nicht nur Herrschaftswissen ist relevant, auch alles andere Wissen das heißt: alle Wissenschaften sind gefragt und aufgefordert, dies einzulösen. Der erwähnte „Messbarkeitswahn" macht auch dem Bildungsbegriff zu schaffen.

10 Friedenthal-Haase, M.: Orientierung und Reorientierung – Kategorien und Aufgaben lebensbegleitender Bildung, in: Rainer Brödel (Hrsg.): Lebenslanges Lernen – lebensbegleitende Bildung, Neuwied, Kriftel 1998, S. 60-72, S. 66

11 Vgl. dazu auch den Beitrag von Daniela Holzer in diesem Band.

Diskutiert wurde, wann Bildung mit Qualifizierung verwechselt wird. Daran knüpfen sich wichtige weitere Problematiken: Nicht immer ausgesprochen, aber dennoch sehr deutlich wurde, dass Bildung Zeit braucht, Zeit, die nach wie vor erkämpft werden muss.

Oskar Negt betont immer wieder die Erträge von Bildung, die außerhalb offensichtlicher Verwertungszusammenhänge liegen, das wurde auch in unserer Arbeitsgruppe sehr deutlich. Zeit für Bildung muss von den Individuen immer knapper bemessen werden, zum Beispiel, weil zu lange Bildungszeitspannen eventuell unangenehme Fragen potentieller Arbeitgeber hervorrufen könnten. Daran schließen sich möglicherweise Fragen nach falschen Lernstrategien oder gar unzureichenden Lern- und Arbeitshaltungen an. Das Individuum gerät so unter einen immer stärker werdenden Zeit- und Rechtfertigungsdruck. Der Zwang zur Wendigkeit und Dauerflexibilität steht einer Bildung, die Zeit braucht, im Weg. Der Verweis auf die Möglichkeiten von Selbstbestimmung und Entfaltung und die Fähigkeit der kritischen Einschätzung gesellschaftlich propagierter Lernwege und Bildungsziele sei hier nochmals erlaubt. Diese Denkwege berühren die Konzeption der gesellschaftlichen Kompetenzen.

Kompetent und gebildet

Die von Negt entwickelten gesellschaftlichen Kompetenzen können als Bindeglied zwischen einer komplexen Welt und einem sich orientierenden Ich gesehen werden. So wird etwa die „Identitätskompetenz" als „Orientierungsrahmen für Bildungsprozesse" angesehen.[12] Diesen zu schaffen und dabei zugleich Identitätsarbeit zu leisten, ist Aufgabe eines jeden Einzelnen. Die Identitätskompetenz/Interkulturelle Kompetenz erscheinen mir als Basis. In ihnen vereinigen sich individuelle Bildungsbestrebungen im Austausch zwischen Ich und Welt mit dem Ziel, kohärente Lebenszusammenhänge zu erschaffen. Dies bedeutet Arbeit an sich selbst und an der sozialen Umwelt. Die dazu notwendige Narrationsarbeit ist dann auf den Austausch mit anderen gerichtet und kann

12 Zeuner, Christine/Schreiber-Barsch, Silke/ Olesen, Henning Salling/Jakobsone Anita/Tuna Aja: „Identitäts-kompetenz/Interkulturelle Kompetenz. Politische Partizipation durch gesellschaftliche Kompetenz: Curriculum-entwicklung für die politische Grundbildung." Universität Flensburg 2005, S. 46

so zu Verbindungen zwischen verschiedenen (subjektiven) Realitäten, Kulturen – kurz: Dialogen führen, denn der Umgang mit Widersprüchlichkeiten wird so zur Handlungsaufgabe. Das Individuum selbst soll verantwortlich sein für Lern- und Lebensformen neuer Lern- und Bildungsideen. Damit ist zugleich eine Möglichkeit, aber auch Schwierigkeit eines Prozesses markiert, der die Menschen langfristig vor die Frage stellen wird, ob das Ziel, nämlich Aufklärung und humane Existenzformen zu etablieren, überhaupt noch realisiert werden kann und wenn ja, wie?

Angesichts aktueller politischer und gesellschaftlicher Entwicklungen kann dies nur erfolgen, wenn eigene Identitätsarbeit, d.h. der eigene kompetente Umgang der Weltverortung, abgeglichen wird mit den widersprüchlich zueinander stehenden Wissens- und Handlungsfeldern. Partizipation bedeutet dann auch Partizipation an der Veränderung bestehender Ungerechtigkeiten, die möglicherweise nicht den eigenen Mikrokosmos betreffen, sondern erst langfristig verheerende Folgen zeigen. Hier kommen die anderen Kompetenzen, wie etwa die ökologische oder ökonomische Kompetenz ins Spiel. Kompetent, also für etwas zuständig sein, kann dann nicht ohne das Gebildetsein auskommen. Immer dann, wenn Verbindungen zwischen dem Besonderen und dem Allgemeinen vorgenommen werden und daraus entsprechende Handlungen erwachsen.

Wir kamen in unserer Arbeitsgruppe in Hustedt zu dem Schluss, dass Lernprozesse notwendige Bedingung für Bildungsprozesse sind, die einem aufgeklärten Maßstab entsprechen können. Wir bewegten uns in der Diskussion, so meine ich, in einem Spannungsfeld von Zweifel und Kritik, von Wachsamkeit und Einspruch im Hinblick auf soziale und gesellschaftliche sowie politische Praxen. Der Übergang vom Besonderen zum Allgemeinen (auch in unserer Diskussion) verwies auf die Spannungsfelder, die mit dem Konzept einer kritischen Wissenschaft, einer kritischen Bildung und letztlich auch den gesellschaftlichen Kompetenzen verwoben sind. Die Urteilsfähigkeit in Bildungsprozessen immer wieder zum Ziel dieser zu machen, ist sowohl historisch als auch gegenwärtig Hauptaufgabe kritischer Erwachsenenbildung, die sich den Prämissen von Aufklärung und Mündigkeit verpflichtet fühlt.

Am Ende steht Geschichte

Abschließend kann man nun wieder den Bogen schlagen zurück zur Aufklärung und ihren zeitlos brennenden Fragen: Was kann ich wissen? Was kann ich hoffen? Was kann ich tun? Was ist der Mensch?[13]

Im Mittelpunkt wahrhaft aufgeklärter Bestrebungen und damit letztlich auch einer kritischen Bildungsarbeit steht der Mensch. „Der Mensch soll keinen Gran von den Vorzügen seines Wesens verlieren, um in irgendein Ganzes, das außer ihm ist, gepaßt zu werden, da er selbst für sich das edelste Ganze ausmacht."[14] Die Ambivalenz zwischen Brauchbarkeit/Nützlichkeit von Wissen auf der einen und der freien Selbstentfaltung in Bildungsprozessen auf der anderen Seite ist seit der Aufklärung ein ungelöstes Problem pädagogischen Handelns. Die Arbeit an Bildung(en) und ihren Möglichkeiten sind essentiell und existenziell und keineswegs überkommene Tradition. Die konzeptionellen Überlegungen Oskar Negts zu den gesellschaftlichen Kompetenzen bieten einen vielversprechenden Ansatzpunkt, denn:

> *„In einer Welt, in der Flexibilität zum Zauberwort von Krisenlösungen geworden ist – Flexibilität allerdings keineswegs nur im positiven Sinne des größeren Freiheitsspielraums, der Zeitsouveränität usw., sondern Flexibilität auch als das genaue Gegenteil: dass Menschen aus ihren Lebenszusammenhängen herausgestoßen werden – da wird lernender und wissender Umgang mit bedrohter und gebrochener Identität zur Lebensfrage." (Negt 1998, S. 34)*

Ist es nicht auch eine Aufgabe von Wissenschaft, insbesondere einer modernen Erziehungs- und Bildungswissenschaft, darauf aufmerksam zu machen, dass Wissen und Bildung und ihre Aneignung Zeit und Raum benötigen, ebenso wie Phantasie und Denkspektren, die sich selbstverständlich allen ad hoc Nutzanwendungen entziehen? Ging es nicht immer auch darum, Zeit zu haben, sich in der Zeit zu organisieren, anstatt ihr

---

13 Kant, I.: Werke in sechs Bänden, hg. v. W. Weischedel, Darmstadt 1964

14 Moritz (1786), S. 13

willkürlich handelnd vorauszueilen? Wie sonst sollte solidarische Praxis Hand in Hand mit (geistes-)wissenschaftlichem Wissen gehen?

Kompetenzen ja, aber bitte nicht ohne Bildung und schon gar nicht ohne den einzig denkbaren Bezugspunkt – den Menschen. Das bedeutet nicht, den Fortschritt aufhalten zu wollen, aber fortschreitende theoretische Erkenntnisse dürfen nicht ihre weltlichen Bezüge verlieren und die nie widerspruchslos nebeneinander existieren.

Literatur

Campe, J. H. (1783): Plan zu einer allgemeinen Revision des gesamten Erziehungswesens von einer Gesellschaft praktischer Erzieher, Berlinische Monatsschrift 1783. Allgemeine Revision des gesamten Schul- und Erziehungswesens: von einer Gesellschaft praktischer Erzieher, Bde.1–16, Hamburg, Wolfenbüttel, Wien, Braunschweig 1785-1792

Campe, J. H. (1969): Über einige verkannte wenigstens ungenützte Mittel zur Beförderung der Industrie, der Bevölkerung und des öffentlichen Wohlstandes, Frankfurt a. Main, in: Quellenschriften zur Industrieschulbewegung, Band II, S. 4

Dieckmann, H.; Schachtsieck, B. (Hrsg.) (1998): Lernkonzepte im Wandel: Die Zukunft der Bildung, Stuttgart

Dirks, W. (1983): Wissen und Bildung, in: Existenzwissen: Frankfurter Hefte extra, 1983, S. 9–16

Friedenthal-Haase, M. (1998): Orientierung und Reorientierung – Kategorien und Aufgaben lebensbegleitender Bildung, in: R. Brödel (Hrsg.): Lebenslanges Lernen – lebensbegleitende Bildung, Neuwied, Kriftel, S. 60-72.

Geißler, Kh. A. (1974): Berufserziehung und kritische Kompetenz, München

Kant, I. (1964): Werke in sechs Bänden, hg. v. W. Weischedel, Darmstadt 1964

Moritz, K. P. (Hrsg.) (1986): Magazin zur Erfahrungsseelenkunde als ein Lehrbuch für Gelehrte und Ungelehrte, Bde. 1-10, 1783-1793, hg. v.: P. und U. Nettelbeck, Nördlingen

Negt, O. (1998): Lernen in einer Welt gesellschaftlicher Umbrüche, in: H. Dieckmann; B. Schachtsieck (Hrsg.): Lernkonzepte im Wandel: Die Zukunft der Bildung, Stuttgart, S. 21–44

Petersen, K. (2013): „Denn keine grössere Qual kann es wohl geben, als eine gänzliche Leerheit der Seele – Karl Philipp Moritz' Magazin zur Erfahrungsseelenkunde als Bil-dungsmedium Erwachsener im späten 18. Jahrhundert, Bad Heilbrunn

Zeuner, C. u. a. (2005): Politische Partizipation durch gesellschaftliche Kompetenz: Curriculumentwicklung für die politische Grundbildung. Studienhefte 1-6, erstellt im Grundt-vig 1- Projekt (110622-CP-1-2003-1-DE-Grundtvig-G1) im Rahmen des Socrates Programms der Kommission Bildung und Kultur der Europäischen Union. Universität Flensburg
Download unter: http://www.hsu-hh.de/zeuner/index_o3RBEFQKMp7s3elZ.html (Abruf: 18.10.2013)

Zeuner, C./Schreiber-Barsch, S./Olesen, Henning S./Jakobsone, A./Tuna, A. (2005): „Identitätskompetenz/Interkulturelle Kompetenz. Politische Partizipation durch gesellschaftliche Kompetenz: Curriculumentwicklung für die politische Grundbildung." Universität Flensburg, S. 46
Download unter: http://www.hsu-hh.de/zeuner/index_o3RBEFQKMp7s3elZ.html (Abruf: 18.10.2013)

Guido Brombach

Der Computer: Werkzeug oder Medium im politischen Diskurs

Teilnehmenden von Seminaren beim DGB-Bildungswerk der politischen Medienbildung in Hattingen fehlt oftmals eine emanzipative Erfahrung mit digitalen Medien. Häufig fühlen sie sich den Vorgaben des Computers ausgeliefert. Digitale Medien sind für viele etwas, das sie nicht gestalten oder anpassen können. Sie finden sich in der Regel mit den vorgegebenen Einstellungen und Funktionen ab. Viele der Teilnehmenden trennen in ihrer Vorstellung zwischen analoger und digitaler Welt. Eine Verknüpfung der beiden Welten halten die meisten für nahezu ausgeschlossen. Auch wenn die beiden Welten physikalisch voneinander getrennt zu sein scheinen, gibt es dennoch viele Schnittstellen, in denen das Handeln in der digitalen Welt bzw. im Netz Auswirkungen auf die greifbare „Kohlenstoffwelt" haben kann und umgekehrt. Mit Angeboten im Bereich Digitale Kommunikation, Lernen und Medien eröffnet das Bildungszentrum in Hattingen Teilnehmenden einen erlebnisorientierten Erfahrungsraum im Umgang mit dem Computer bzw. digitalen Medien. Nachdem Teilnehmende digitale Medien selber machend und nutzend kennengelernt haben, werden die Erfahrungen und Erlebnisse anschließend analysiert und reflektiert.

In der Arbeit mit den Teilnehmenden wird deutlich, dass digitale Medien wie z. B. Computer, Tablets oder Smartphones viel mehr sind als nur Werkzeuge für einen bestimmten Zweck. Der Computer wird in diesem Zusammenhang häufig, sozialisatorisch bedingt, als Maschine zur Erfüllung einer bestimmten Aufgabe gesehen. Als der Computer erfunden wurde, war er jedoch als Universalmaschine gedacht, deren Aufgabenspektrum nicht darauf reduziert war, ihn als Schreibmaschine oder Rechenapparat zu benutzen. Je nachdem, welches Programm auf dem Computer lief, konnte er das Wetter vorhersagen oder eine Volkszählung unterstützen. Im täglichen Umgang und Bewusstsein ist jedoch aus der Universalmaschine ein Werkzeug geworden, das eine bestimmte Aufgabe erfüllen soll.

Dem gegenüber steht das Konzept von digitalen Medien als Medium in dem Sinne, wie das Wasser das Medium des Fisches ist: Es handelt sich bei digitalen Medien um eine Umgebung, einen Kulturraum und weniger um die Verlängerung unseres Körpers, wie McLuhan[1] es formulierte. In Hattingen wird versucht, Computer als ein Medium zu begreifen, dessen Funktionalität letztlich von niemand anderem definiert wird als von seinen Nutzenden. Während die Möglichkeiten des Werkzeugs von seinen Schöpfern, in diesem Fall also meistens den Programmierern, bestimmt wird, ermöglicht die Definition des Mediums eine Emanzipation der Nutzenden. Die Definition impliziert, dass die Nutzenden selbst vorgeben, was der Computer kann und was nicht. Nutzende können sich des Computers ermächtigen und müssen sich nicht zwangsläufig den Vorgaben beugen. Dies geschieht jedoch noch lange nicht barrierefrei, auch wenn die emanzipative Nutzung des Computers heute weniger Kenntnisse voraussetzt als vor einigen Jahren, um ihn nach eigenen Vorgaben zu bedienen. Gleiches gilt auch für die Gestaltung der „Kohlenstoffwelt".

Du bist nicht alleine

Das Seminarkonzept im Medienbereich in Hattingen sieht vor, dass Teilnehmende mindestens zu zweit am Computer arbeiten. Im Vordergrund der Auseinandersetzung mit digitalen Medien, wie z. B. dem Computer, geht es uns dabei vor allem um den Diskurs und nicht um das Erlangen technischer Kompetenzen. Um technische Kompetenzen auszuprägen, bedarf es der Wiederholung und Übung. Dies geschieht nach einer gemeinsamen Auseinandersetzung mit dem Medium am besten individuell. Wiederholung und Übung stehen für uns nicht im Vordergrund von Seminaren der politischen Bildung. In der politischen Bildung soll der Einsatz digitaler Medien dabei helfen, miteinander im Gespräch zu bleiben und kollaborativ an einem Projekt zu arbeiten. Damit verbunden ist die Vorstellung von einer Gesellschaft, in der man sich gegenseitig hilft und unterstützt. Nicht jeder muss alles gleich gut können. Es kommt viel mehr

1 Marshall McLuhan, kanadischer Philosoph (1911-1980)

darauf an, sich in der Gruppe von den Vorgaben und Unzulänglichkeiten der Technik zu emanzipieren. Nur dann wird sie in Frage gestellt. Die meisten unserer Teilnehmenden gehen selbstbewusster aus dem Seminar heraus, ohne zwangsläufig ihre technischen Kompetenzen verbessert zu haben. Wenn Technik nicht funktioniert, liegt es häufig nicht mehr an einem selbst, sondern an denen, die Oberflächen gestaltet oder schlechte Programmcodes geschrieben haben. Um gemeinsam an einem Projekt zu arbeiten, stellen Seminarkonzepte, wie wir sie im Bildungszentrum anbieten, besondere Anforderungen an die Seminarräume.

Die Zentralperspektive – oder: Wie die Umgestaltung des Seminarraums zum Umdenken im Umgang mit digitalen Medien führt

Ein wesentliches Gestaltungsmerkmal von Lernprozessen auch in der politischen Bildung ist immer noch die Zentralperspektive. Deutlich wird dies bei der Betrachtung von Seminarräumen. In der Regel sind sie so gestaltet, dass die Teilnehmenden frontal auf den Vortragenden beziehungsweise Referierenden blicken. Solch eine Raumgestaltung trägt jedoch nicht dazu bei, dass Menschen Verantwortung für ihren eigenen Lernprozess übernehmen. Die Verantwortung wird häufig an den Lehrenden „da vorne" abgegeben, der als Profi am besten wissen sollte, wie Teilnehmende optimal lernen. Wollen Pädagoginnen und Pädagogen allerdings digitale Medien als Medium erlebbar machen und Leistungs- durch Leidenschaftsgedanken im Lernprozess ersetzen, müssen sie mit der Umgestaltung des Seminarraums beginnen. Die Gestaltung des Seminarraums ist eine wesentliche Voraussetzung dafür, um als Gruppe und nicht als Einzelner zu lernen. In der skizzierten „klassischen" Seminarraumkonzeption kann ein Wandel schwer erfolgen, so lange Lehrende alleine die Lernumgebung vorgeben. Um der Zentralperspektive – einer Seminargestaltungsform des Industriezeitalters, die heute noch in vielen Seminarräumen vorzufinden ist – zu entkommen, bedarf es eines Transformationsprozesses im Kopf der Lehrenden und Lernenden, der im Raum sichtbar vollzogen werden kann.

Dass die Zentralperspektive in den seltensten Fällen der Situation entspricht, in der Teilnehmende am besten lernen können, zeigt sich, wenn Teilnehmende in einem Seminar ihre Notebooks, Tablet-PCs oder Smartphones nehmen und anfangen, damit zu arbeiten. Schnell stellt sich eine Atmosphäre ein, bei der sich die Teilnehmenden gegenseitig Apps zeigen, Erfahrungen austauschen und auch kritisch ihre Gewohnheiten hinterfragen. Es bilden sich Lerngruppen, verteilt im Raum, ohne dass sie methodisch dazu angeleitet werden müssten. Während des Seminars wird die Nutzung digitaler Kleinstgeräte häufig von Referenten als störend empfunden – im Bildungszentrum in Hattingen sind sie Teil des teilnehmerorientierten Erkenntnisprozesses. Wenn beispielsweise Teilnehmenden Behauptungen der Seminarleitung abwegig vorkommen, beginnen sie, die Angaben der Referenten selbst zu recherchieren. Damit sind sie zwar abgelenkt vom eigentlichen Seminarverlauf, beginnen aber andererseits selbstbestimmt, sich mit politischen Inhalten auseinanderzusetzen. Würden Tablets nicht zusätzlich noch vom Bildungswerk gestellt werden und damit zum „guten Ton" des Seminars gehören, würden viele Teilnehmende aus Höflichkeit vermutlich bei offenen Fragen nicht zum mobilen Internet greifen. Der immerwährende Zugriff zum Internet führt im Laufe des Seminars zu einer anhaltend kritischen Haltung gegenüber dem, was an Fakten und Behauptungen genannt wird. Aber auch die im Netz zu findenden Informationen werden zum Gegenstand kritischer Reflexionen. Eine kritische Haltung bei den Teilnehmenden zu fördern, ist aus Sicht der Veranstaltenden ein wichtiges Kriterium für Seminare der politischen Bildung.

Eine neue Lernperspektive: Das „Lernarium" im DGB-Tagungszentrum in Hattingen

Mit der Entstehung eines neuen Speisesaals wurde im Bildungszentrum nach einer neuen Zweckbestimmung für den alten Speisesaal gesucht. Es wurde entschieden, ihn als Seminarraum zu nutzen. Im Folgenden soll darauf eingegangen werden, warum dieser neue Seminarraum das kollaborative Lernen besonders gut unterstützt und wie das mit dem Einsatz digitaler Medien zusammenpasst.

Das Besondere am alten Speisesaal ist, dass er den Teilnehmenden die Möglichkeit gibt, sich die Seminar-Infrastruktur selbst zu gestalten. Um das realisieren zu können, ist der Raum zu Seminarbeginn fast leer. Ein Stuhlkreis ist vorbereitet, außerdem befinden sich in einer Ecke des Raumes alle verfügbaren Tische, Stühle, Metaplanwände, Computer, Laptops und Tablets. Die Architektur des Raumes mit Ecken und Säulen im Raum wurde von vielen Referierenden zunächst als für die Seminararbeit ungeeignet eingeschätzt. Wir beobachteten jedoch, dass Teilnehmende dann Verantwortung für die Gruppe und den Lernprozess übernahmen, als sie auch selbst Möglichkeiten hatten, die Umgebung und die Inhalte maßgeblich mitzugestalten.

Wenn Teilnehmende eine ungefähre Vorstellung vom Seminarprojekt haben und anfangen, die Infrastruktur des Seminarraums auf das Arbeiten am Projekt abzustimmen, greifen sie zum ersten Mal in die Gestaltung ihrer Lernumgebung ein. Zur Realisierung dieser Umgestaltung stehen den Teilnehmenden Stellwände zur Teilung des Raums sowie Stühle und Tische zur Verfügung. Mit der Verantwortung geht allerdings auch die Kritik am Seminarkonzept einher, zumindest stärker, als wir es bei lehrerorientierten Konzepten beobachten konnten. Als Pädagogin bzw. Pädagoge führt es in der Regel schneller zu einer Abwehr der bisherigen Überlegungen. Es ist eine unangenehme Arbeitsphase, was auch als Grund dafür zu nennen ist, dass diese Art der Lerngestaltung eher selten zur Anwendung kommt. Die teilnehmerorientierte Raumgestaltung sollte den Teilnehmenden das Gefühl geben, dass sie ihr Seminar aktiv mitgestalten können. Sicherlich, es gibt noch viele andere Methoden, den Teilnehmenden die Verantwortung am Lernprozess zu übergeben. Das DGB- Bildungszentrum Hattingen hat jedoch mit der hier beschriebenen Verknüpfung von Raum und Pädagogik bisher nur gute Erfahrungen gemacht.

Wie sich der Raum auf das Lernen mit digitalen Medien auswirkt

Auf Internetblogs bzw. -seiten präsentieren die Teilnehmenden häufig ihre Projektergebnisse aus den Seminaren. Dadurch setzen sich die Teilnehmenden gezielt mit der Öffentlichkeit, einem Ort des Politischen, auseinander. Dies führt auch dazu, dass mit einer großen Ernsthaftigkeit an den zu präsentierenden Ergebnissen gearbeitet wird. Theoretisch könnte jeder Betrachter die Seminarergebnisse im Internet sehen. Zugleich führt diese Art der Seminararbeit zu einem Diskurs. Hier liegt der große Vorteil bei der Veröffentlichung von Seminarergebnissen. Es geht darum, ein kollektives Statement abzugeben, gemeinsam einen Kompromiss zu finden, der veröffentlichungswürdig und -fähig ist. Die Aushandlung der Statements ist gelebte Demokratie in der politischen Bildung. Die Teilnehmenden erhalten die Möglichkeit, ein politisches Statement in die Welt zu tragen. Die Bedeutung des öffentlichen Raumes im politischen Bildungsprozess ist nicht zu unterschätzen.

Ein weiteres wichtiges Argument für die Projektarbeit digitaler Medien in der politischen Bildung ist, Emanzipation nicht nur zu simulieren, sondern in der Gesellschaft als Statement zu manifestieren. Dabei erleben sich die Teilnehmenden in den meisten Fällen als politisch Handelnde. Würde man den Beutelsbacher Konsens ernst nehmen, hätte der letzte Schritt, die Veröffentlichung von Statements, in der politischen Bildung nichts verloren. Der Beutelsbacher Konsens empfiehlt lediglich, Teilnehmende im Seminar zum politischen Handeln zu befähigen. Erhalten aber digitale Medien Einzug in den Bildungsprozess, lassen sich diese einzelnen Schritte nur schwer voneinander trennen. In dem Moment, wo ein mobiles internetfähiges Gerät im Seminar ist – in dem Augenblick, in dem Öffentlichkeit „public by default" im Seminar ist – gelangt der Seminarinhalt an die Öffentlichkeit. Dabei handelt es sich nicht um ein Phänomen, das ausschließlich in der Arbeit mit Jugendlichen auftritt.

Fazit

Der Seminarraum wird im politischen Bildungsprozess oftmals als „Cyberspace" – als ein Ort, der in sich geschlossen ist und der die Welt außerhalb des Seminars simuliert, eigentlich aber keine Schnittstellen mit dieser Welt hat – wahrgenommen. Nachhaltige politische Bildung sollte jedoch nicht in einem separierten Raum stattfinden, sondern an das Leben, an die Wirklichkeit der Menschen „andocken". Dies muss das Anliegen von politischen Bildnerinnen und Bildnern sein. Verfolgt man diesen Ansatz mit Ernsthaftigkeit, so muss es das Ziel eines jeden Seminars sein, dass die Teilnehmenden nicht nur Dinge aus ihrem Leben oder ihren Betrieben mit in das Seminar bringen, sie müssen am Ende des Seminars auch etwas mit in ihr alltägliches Leben nehmen. Sie müssen zu Multiplikatorinnen und Multiplikatoren werden. Das Einbringen des persönlichen Alltags kann am besten während des Seminars geschehen. Digitale Medien bieten heute hierzu ideale Möglichkeiten oder um es mit den Worten von Oskar Negt zu sagen: „Politik ist als Produktionsprozess und nicht als Verteilung von Meinung zu verstehen".

Elke Gruber

Demokratie und lebenslanges Lernen: Neue Chancen für die Politische Bildung Erwachsener?

„Weil Demokratie ohne soziale Gerechtigkeit keinen Bestand hat."
Günter Grass

Credo für Demokratie, lebenslanges Lernen und politische Bildung

Oskar Negt hat in seinem 2010 erschienenen Buch „Der politische Mensch" (S. 13) sein Credo von Demokratie – in Anlehnung an die Formel von John Dewey – als einer „Lebensform" wie folgt formuliert: „Demokratie ist die einzige politisch verfasste Gesellschaftsordnung, die gelernt werden muss – immer wieder, tagtäglich und bis ins hohe Alter hinein." Damit spricht er die Tatsache an, dass der Mensch nicht als politisches Wesen geboren wird, vielmehr bedarf es des Einübens demokratischer Verhaltensweisen und der Gestaltung demokratischer politischer Verhältnisse ein Leben lang. In diesem Sinne gilt es, politische Bildung stärker als bisher über die gesamte Lebensspanne hinweg zu verankern und entsprechend den verschiedenen Bedürfnissen, Bedarfen und Interessen der Menschen auszugestalten. Dazu im Folgenden einige Überlegungen.

Neue Herausforderung: Demokratie, Langlebigkeit und lebensbegleitendes Lernen

Eine der großen gesellschaftlichen Herausforderungen der Zukunft stellt die zunehmende Langlebigkeit der Gesellschaft dar. Sie macht auch vor der Demokratie und der politischen Bildung nicht halt. Viele Menschen gewinnen durch diese Entwicklung mehr Lebenszeit – und das ist gut so. Zumal die Menschen im Alter auch immer länger gesund und vital bleiben.

Die Langlebigkeit bedeutet aber auch, dass sich Lebensphasen erweitern (bspw. Hochbetagtheit) sowie biographische Abschnitte ausdifferenzieren (bspw. Erwachsenenalter) und verändern (bspw. Kindheit und Jugend). Damit ergeben sich sehr unterschiedliche Themen, Anknüpfungspunkte und Betroffenheit für politische Bildung über die gesamte Lebensspanne hinweg. Darüber hinaus bringt ein langes Leben neben individuellen diverse gesellschaftliche Brüche, Umwälzungen und Veränderungen mit sich. Oder wie Franz Schuh in einem überaus lesenswerten Artikel zum Thema „Die Bildung von Demokraten – Thesen zu Bildung und Politik" (2011, S. 4) prägnant formulierte: „Demokratie muss man immer wieder herstellen, und die Feinde der Demokratie wechseln. Während man noch ihre alten bekämpft, kooperiert man vielleicht schon mit ihren neuen." Schuh weist dabei auf eine wichtige Tatsache hin, die für das Leben in der Demokratie konstituierend ist: *die* Demokratie als Dauerzustand, die man einmal hergestellt hat und auf der man sich ein Leben lang „ausruhen" kann, gibt es nicht. Vielmehr ist Demokratie etwas Vitales und Lebendiges; Demokratie befindet sich immer in einem höchst fragilen Zustand, dessen Prämissen immer wieder hergestellt – ja – erkämpft werden müssen.

Der Erwachsenenbildung kommt in diesem Prozess quantitativ und qualitativ eine bedeutende Rolle zu: das Erwachsenenalter ist nicht nur die umfangreichste Lebensphase und die Erwachsenenbildung der wohl größte und vor allem ausdifferenzierteste Bildungsbereich, im Gegensatz zur Schule ist die Erwachsenenbildung auch „bottom up" (Filla) entstanden. Dieses organisationale Muster liegt bis heute vielen Organisationen, Anbietern und Lernformen der Erwachsenenbildung zugrunde. Daraus ergeben sich prinzipiell positive Strukturmerkmale, wie tendenziell eher demokratische Formen und Strukturen, eine hohe Pluralität, keine Weisungsgebundenheit, eine starke Verankerung in den Regionen – wodurch die Erwachsenenbildung nahe bei den Problemen und Bedürfnissen der Menschen ist. (Allerdings sollten diese Stärken auch nicht über die vielen Schwächen der Erwachsenenbildung hinwegtäuschen, die eben gerade auch durch ihre „Staatsferne", durch Anerkennungsdefizite, Strukturschwächen und Finanzierungsprobleme bedingt sind.)

Das Hauptargument jedoch bildet die politisch-demokratische und gesellschaftliche Funktion der Erwachsenenbildung – sie macht die eigentliche Stärke dieses Bildungsbereiches aus (vgl. Zeuner 2010, S. 172). Diese Tatsache lässt sich – laut Zeuner durch die historische Entwicklung der Erwachsenenbildung begründen. Wie in keinem anderen Bildungsbereich ist diese eng mit der Politisierung und Demokratisierung der Gesellschaft verbunden; ihnen verdankt die Erwachsenenbildung ihre Entstehung, Verbreitung und Institutionalisierung. Gleichzeitig waren in der Entwicklung der Erwachsenenbildung von Anbeginn aber auch Kritiklosigkeit, Anpassung, Unterwerfung und Indienstnahme schon angelegt (vgl. Gruber 2012, S. 1009)[1]. Das heißt, wir haben es historisch unter den spezifischen kulturellen und gesellschaftlichen Bedingungen Österreichs und Deutschlands in der Erwachsenenbildung mit einer Vielzahl an Widersprüchlichkeiten und Paradoxien zu tun – diese sind bis in die Gegenwart zu beobachten. Wir finden zugleich

- Politisierung und Entpolitisierung,
- Emanzipation und bedingungslose Anpassung,
- Widerstand und kritiklose Unterwerfung,
- Eigenständigkeit und bereitwillige Indienstnahme für fremde Interessen (oft im guten Glauben, dem Fortschritt, der Entwicklung, der Aufklärung zu dienen).

Es wäre hochinteressant, die Geschichte der Erwachsenenbildung unter dem Gesichtspunkt ihrer Widersprüche und Paradoxien zu dekonstruieren. Vermutlich müsste dabei mancher Mythos in Frage gestellt werden – denn aus meiner Sicht wird die Rolle von Aufklärung, Kritik und freiem Meinungsaustausch im breiten Handlungsfeld der Erwachsenenbildung (weniger in deren theoretischen Quellen und Begründungen!) überschätzt.

Ein Kernstück demokratischer Verhaltensweisen stellt die Kritikfähigkeit dar. Einen ihrer programmatischen Ursprünge findet sie in der Aufklärung, wo erstmals in organisierten Formen bürgerlicher Öffentlichkeit der freimütige Meinungsaustausch und die kritische Auseinandersetzung gepflegt wurden. Die moderne Erwachsenenbildung hat sich in diesem Kontext herausgebildet und in Bezug auf unterschiedliche Zielgruppen

1 Teile der folgenden Abschnitte wurden veröffentlicht In: Gruber, Elke (2012): Verträgt die Erwachsenenbildung noch Kritik? In: Erler, Ingolf/Holzer, Daniela/Kloyber, Christian/Ribolits, Erich (Hrsg.): Kritisch denken: für eine andere Erwachsenenbildung. schulheft Nr. 148, Innsbruck, S. 108–119

und Interessen ausdifferenziert. Im Rahmen dieser Entwicklung erlebte sie Phasen eines – zumeist kurzen, aber intensiven – Aufschwungs kritischen Denkens und Tuns, aber auch Verdrängung, Verleugnung, Verachtung bis hin zur Verfolgung dieses Gedankengutes und der entsprechenden Praxen. Seit einiger Zeit wird wieder verstärkt eine kritische Erwachsenenbildung eingefordert und an deren Weiterentwicklung gearbeitet (vgl. aktuell u. a. Erler/Holzer/Kloyber/Ribolits 2012). Kritikfähigkeit nimmt in diesem Prozess eine zentrale Rolle ein, auf sie gilt es verstärktes Augenmerk zu richten.

Kritik bei Foucault

Eine für die Erwachsenenpädagogik trag- und anschlussfähige aktuelle Definition von Kritik findet sich bei Michel Foucault in seinem 1984 publizierten Artikel „Was ist Aufklärung?“. Dieser geht auf einen 1978 gehaltenen Vortrag zum Thema „Was ist Kritik?“ zurück. Foucault unterscheidet in seinem Artikel zwischen einem „ausgesprochen kantianischen Unternehmen“ von Kritik und den „kleinen Auseinandersetzungen, die Kritik genannt werden“ (Foucault 1992; vgl. auch Butler 2001). Zwischen beiden Bedeutungszuschreibungen ist viel Raum für die unterschiedlichsten Ansichten, Formen und Grammatiken von Kritik. In diesem Sinne setzt Foucault nach:

1. dass Kritik nichts Einheitliches ist und dass sie nicht unabhängig von den verschiedenen Gegenständen und Absichten definiert werden kann (bspw. Speisen können betrachtet werden hinsichtlich Zubereitung, Geschmack, Zusammensetzung…),
2. dass Kritik nicht eine reine Beurteilung im Sinne von richtig und falsch, gut und schlecht darstellt, sondern Kritik soll das System der Bewertung selbst herausarbeiten. D.h. man muss über Analyse, Reflexion und Auseinandersetzung ‚hinter die Kulissen‘ schauen und ‚zum Kern‘ des Kritisierten vordringen.

Zugespitzt heißt das: Kritik im Foucault‘schen Sinne richtet sich nicht vorrangig auf Systemstabilisierung und Praktikabilität, sie hat auch nicht die Beruhigung und Befriedung im Sinn, im Gegenteil: Kritik zielt auf Reflexionsfähigkeit und aktive Auseinandersetzung; sie hat etwas mit Wachheit, Teilhabe und Autonomie zu tun. In diesem Zusammenhang fallen mir Verben ein wie: wühlen, graben, hinterfragen, nachfragen, reflektieren, aufdecken... – alles Tätigkeiten, die Zeit und ein bestimmtes Maß an Freiheit brauchen – die eines Gegenübers auf Augenhöhe bedürfen, um zum Diskurs führen zu können; die aber manchmal auch ein einsames ‚Geschäft' sind (bspw. Selbstkritik) und die im schlimmsten Fall auch des Mutes bedürfen, da sie gefährlich sein können.

Welches Verhältnis besteht zwischen Erwachsenenbildung und Kritik?

Der Frage liegt ein Arbeitsbegriff von Kritik zugrunde, der etwa in der Mitte der beiden Foucault'schen Pole verortet ist: zwischen dem „ausgesprochen kantianischen Unternehmen" von Kritik und den „kleinen polemischen Auseinandersetzungen, die Kritik genannt werden".

Wenn wir – wie allgemein üblich – den Beginn moderner Erwachsenenbildung als Handlungsfeld in die Zeit der Wende vom 18. zum 19. Jahrhundert datieren, dann ist deren Entwicklung eng mit dem Anspruch nach Kritik verbunden – und zwar in doppelter Hinsicht:

1. im Sinne der Aufklärung. Die Kritik und der Widerstand gegenüber kirchlichen Autoritäten und Dogmen – die laut Foucault den Ursprung jeder Kritik schlechthin bilden – stellen einen wichtigen Ausgangspunkt auf dem Weg zur Demokratie dar.

2. im Sinne der Industrialisierung. Die Kritik an den bestehenden feudalen Produktionsverhältnissen und -bedingungen war wichtig für die Entwicklung einer modernen kapitalistischen Gesellschaft sowie für die Politisierung der Gesellschaft (Stichwort: soziale Frage und Emanzipation der ArbeiterInnenschaft). (Leider wird im historischen Diskurs der Erwachsenenbildung der Bedeutung der ökonomischen Wurzeln und deren Kritik daran wenig Beachtung geschenkt.)

Auf diesem Hintergrund findet Erwachsenenbildung ihren modernen Ursprung und ihre organisationale Struktur sowie ihre thematische Ausgestaltung (allgemeine, berufliche und politische Bildung). In der Folge werden die mit der jeweiligen gesellschaftlichen Entwicklung verbundenen Herausforderungen aufgenommen und als entsprechende Bildungsprobleme formuliert. Dies gilt übrigens bis heute.

Wie kann Kritik in der Erwachsenenbildung gelingen?

Kritik(fähigkeit) beruht auf zwei wesentlichen Säulen – auf Reflexionsfähigkeit und Autonomie. Reflexionsfähigkeit meint die kognitive Bearbeitung, Weiterverarbeitung oder Strukturierung von komplexen Ideen oder Konzepten (vgl. Moon 2008, S. 128), kurz: Die kritische Auseinandersetzung mit den Dingen und Verhältnissen unserer Welt und mit uns selbst. Autonomie (altgriechisch: Selbstgesetzgebung) bedeutet, unabhängig von anderen seinen Willen der Vernunft zu unterstellen und sich von herrschenden Meinungen oder Machtvorstellungen zu befreien. Ein wesentliches Bindeglied zwischen Kritik, Reflexion und Autonomie ist der Mut. Habe Mut, dich deines eigenen Verstandes zu bedienen – so heißt es schon bei Kant in seinem Programm der Aufklärung. Sei frei, deine eigene Meinung zu äußern und zu ihr zu stehen – dies weist auf die gesellschaftlichen wie subjektiven Bedingungen hin, unter denen sich Kritik und Autonomie entwickeln können. Was heißt das für die aktuelle und künftige Erwachsenenbildung?

Angesichts der gesellschaftlichen Transformationsprozesse (Ökonomisierung, Pluralisierung, Entgrenzung, Individualisierung, Trivialisierung) muss sich die Erwachsenenbildung ihrer politisch-demokratischen und gesellschaftlichen Funktion wieder mehr bewusst werden und diese Aufgabe offensiver vorantreiben. Wichtige Indikatoren für aktuelle Entwicklungen der politischen Bildung sind: Offenheit und Vernetzung, der Einbezug informeller und außerinstitutioneller Lernformen, neue Lernformate und -orte und dergleichen mehr. Zweifellos sollte die Diskussion um die Öffnung und Pluralisierung sowie die Bedeutung der politischen Bildung als „Querschnittsmaterie“ stärker geführt werden, gleichzeitig müssen wir aber auch ein Verständnis von politischer Bildung als bewusst geplanter, angeleiteter und institutionalisierter Lernform weiterentwickeln. Nur so kann einer gewissen – postmodernen – Beliebigkeit entgegengetreten werden, die sich auch in der politischen Bildung in den letzten Jahren abzeichnet.

Bei allen Möglichkeiten des informellen Wissenserwerbs und des Lernens en passant (Übers.: im Vorübergehen) und bei allen Versuchen, die Attraktivität und Akzeptanz politischer Bildung durch neue Orte, Themen und Kooperationen zu steigern, muss es so etwas wie einen Kernbereich an politischer Bildung und demokratiepolitischer Kompetenz geben. Dieser sollte sich aus den Ursprüngen des Begriffes der „polis" speisen, sich aber auch den aktuellen inhaltlichen, konzeptionellen und organisationalen Herausforderungen stellen, diese immer wieder neu in den Blick nehmen und entsprechende Lernmöglichkeiten gestalten. Sonst droht – zumindest unter den gegenwärtigen Bedingungen – das Abgleiten in eine „zahnlose" Beliebigkeit, in deren Folge sich die Frage stellt: Was ist an all diesen Bildungsbemühungen noch politisch? (In diesem Zusammenhang wäre es interessant, den Slogan der 1960er/70er Jahre: „Alles ist politisch!" in der Diskussion wieder aufzugreifen und unter den aktuellen gesellschaftlichen Entwicklungen neu zu diskutieren und zu interpretieren.)

Neue Aufgabenfelder

In diesem Sinne stellt sich die Frage: Was kann Politische Bildung heute bewirken? Sie kann sich einbringen, sie kann Räume und Personal zur Verfügung stellen, sie kann Menschen ein Stück weit auf ihrem Bildungsweg begleiten, sie kann zur Reflexion und zum Nachdenken anregen, sie kann Menschen stärken, sie darf auch motivieren, orientieren und die Lust an Diskussionen, auf Gespräche wecken, sie kann Kritik üben und zum Handeln auffordern. Pädagogisch entfaltet sie ihre Kräfte im Zuhören – Beobachten – Informieren, im Analysieren – Verstehen – Meinung bilden und im Eingreifen – Handeln. Besondere Bedeutung kommt dem Herstellen von Beziehungen und dem Aufbau von Bindungen im pädagogischen Prozess zu, die in der Bildungsarbeit der jüngeren Vergangenheit oft unterbewertet blieben. Und politische Bildung kann sich Themen zuwenden, die Menschen in einer bestimmten Lebenssituation oder -phase interessieren und berühren und die ein Anschlusslernen ermöglichen. Dazu gehören zukünftig Felder wie

- Politik – Bildung – Internationales
- Politik – Bildung – Kultur
- Politik – Bildung – Soziales
- Politik – Bildung – Arbeit.

Es muss uns mehr gelingen, Demokratie nicht als etwas von außen „Aufgesetztes", gesellschaftlich Verordnetes zu sehen, sondern Demokratie muss als menschlicher Habitus entwickelt und verinnerlicht und in allen Bereichen menschlichen Lebens gelernt und gelebt werden. Das heißt aber auch, dass wir Bildung und Erwachsenenbildung wieder stärker als ein politisches und demokratisches Projekt sehen – und zwar in der Gesamtheit ihrer Themen und Bereiche, ihrer Formate und Settings.

Einen Impuls in diese Richtung setzte das Bildungshaus des Landes Steiermark Schloss Retzhof im November 2010 mit der Gründung der Oskar Negt Akademie. Im Folgenden wird auf deren Entstehungshintergrund, Ziele, Inhalte, methodische Vorgangsweise sowie auf Zielgruppe und Umsetzung eingegangen.

Die „Oskar Negt Akademie" im Bildungshaus des Landes Steiermark Schloss Retzhof – Lehrgang: Politische Partizipation durch gesellschaftliche Kompetenz und exemplarisches Lernen

Das Konzept der „Gesellschaftlichen Kompetenzen" nach Oskar Negt fand in Österreich schon früh Verbreitung. Ihren Ausgangspunkt erfuhr die Diskussion mit der Schrift „Soziologische Phantasie und exemplarisches Lernen" (1971), die vor allem in der gewerkschaftlichen Bildungsarbeit, zum Teil aber auch in der universitären Lehre (u. a. im damals neu gegründeten sozialwissenschaftlichen Studiengang der Universität Linz) rezipiert wurde. In den 1980er Jahren entwickelte Negt seine Konzeption weiter und ergänzte bzw. überarbeitete sie mehrmals (zur historischen Genese vgl. Brock 1999 und aktuell Zeuner 2013). Seitdem gehört das Konzept der „Gesellschaftlichen Kompetenzen“ zum Kern des Negt`schen Gedankengebäudes und Theorieansatzes, der in vielen Ländern Europas rezipiert (u. a. Slowenien, Dänemark, Polen) und in unterschiedlichen Praxiszusammenhängen umgesetzt wird. Zur Verbreitung in Österreich haben wesentlich die Symposien zum gleichnamigen Thema, die in den 1980er und zu Beginn der 1990er Jahre am Bundesinstitut für Erwachsenenbildung St. Wolfgang veranstaltet wurden, beigetragen.

Nach diesem „Aufschwung“ wurde es hierzulande ein Jahrzehnt ruhiger um die „Gesellschaftlichen Kompetenzen“, wenngleich sie sowohl in der gewerkschaftlichen Bildungsarbeit als auch von VertreterInnen einer der kritischen Erwachsenenbildung verpflichteten Wissenschaft und Praxis weiterhin rezipiert wurden. Dazu trugen zweifellos auch die diversen Vorträge bei, die von Oskar Negt in den unterschiedlichsten thematischen und institutionellen Zusammenhängen gehalten wurden. Einen wichtigen Impuls für die Wiederaufnahme der Negt`schen Konzeption und Weiterentwicklung bzw. Umsetzung in ein methodisch-didaktisches Setting stellt das Projekt „Politische Partizipation durch gesellschaftliche Kompetenz: Curriculumentwicklung für die politische Grundbildung“ dar. Das im Rahmen eines Grundtvig 1-Projektes unter Leitung von Christine Zeuner (damals Universität Flensburg) initiierte Projekt wurde in den Jahren 2003 bis 2005 in Kooperation von insgesamt zehn Universitäten, Forschungsinstituten und Erwachsenenbildungseinrichtungen aus fünf europäischen Ländern durchgeführt (vgl. Zeuner u. a. 2005).

Neben den Universitäten Graz und Wien war in Österreich auch das Bildungshaus des Landes Steiermark, Schloss Retzhof, beteiligt. Hier sollte ein Teil der entwickelten sechs Studienhefte zu den Negt'schen Kompetenzen erprobt werden. Aus organisatorischen Gründen war dies leider nicht möglich. Allerdings wurde schon damals der Entschluss gefasst, die Kooperation zwischen den Akteuren, die sich um eine didaktisch-methodische Umsetzung der Konzeption bemühten, fortzusetzen. Nach einer längeren Vorbereitungszeit konnte schließlich im November 2010 die Oskar-Negt-Akademie unter Anwesenheit des Proponenten eröffnet werden. Kernstück der Oskar-Negt-Akademie ist der Lehrgang „Politische Partizipation durch gesellschaftliche Kompetenz und exemplarisches Lernen". Die wissenschaftliche Leitung übernahm Univ.-Prof. Dr. Elke Gruber (Alpen-Adria-Universität Klagenfurt) und Univ.-Prof. Dr. Christine Zeuner (Helmut-Schmidt-Universität Hamburg), die Seminarleitung erfolgte durch den Leiter des Bildungshauses Schloss Retzhof, Dr. Joachim Gruber.

Der Lehrgang hat sich zum Ziel gesetzt, durch gesellschaftliche Kompetenz zur gesellschafts-politischen Partizipation zu ermutigen, anzuleiten und zu befähigen. Die TeilnehmerInnen sollen durch die Aneignung der Grundkompetenzen befähigt werden, ihre Umwelt, die Gesellschaft und die Politik in ihrem Zusammenhang und in ihrer gegenseitigen Abhängigkeit zu erkennen. So können sie als mündige BürgerInnen persönliche und gesellschaftliche Gestaltungskraft erwerben. In diesem Zusammenhang gilt es:

- die gesellschaftlichen Bedingungen, unter denen wir leben, zu erkennen und zu erklären;
- Verständnis für Zusammenhänge zwischen persönlichen und politischen, gesellschaftlichen und sozialen Ereignissen und Entwicklungen zu entwerfen;
- befähigt zu werden zur Kritik an diesen Verhältnissen aufgrund eines erweiterten Urteilsvermögens;
- Alternativkonzepte zur Umgestaltung von Gesellschaft im Sinne von Demokratisierung entwickeln zu können.

Dazu wird die von Oskar Negt, der u.a. Anleihen von Martin Wagenschein nahm, entwickelte Methode des „exemplarischen Lernens und des Herstellens von Zusammenhängen" während des gesamten Lehrgangs als methodisches Prinzip angewandt. Eigens für die einzelnen Module erarbeitete Lehrunterlagen werden beigestellt. Inhaltlich geht es um die Erarbeitung der Begriffe soziologische Phantasie, exemplarisches Lernen, gesellschaftliche Kompetenzen und gesellschaftspolitische Partizipation bei Oskar Negt. In den insgesamt vier zweieinhalbtägigen Modulen wird zu den sechs Negt´schen Grundkompetenzen: Ökonomische Kompetenz, ökologische Kompetenz, historische Kompetenz, Identitätskompetenz, Gerechtigkeitskompetenz und Zusammenhang herstellen (als eine Art „Metakompetenz") angewandt gearbeitet. Die TeilnehmerInnen sollen die erforderlichen Kompetenzen mit der vorgestellten und angewandten Methode selbst erfolgreich erarbeiten und diese auch weitergeben können.

Der Zugang zum Lehrgang wird bewusst offen gehalten. Er richtet sich an alle Menschen, die an gesellschaftspolitischen Themen interessiert sind und die durch die Methode des exemplarischen Lernens gesellschaftliche Kompetenz erwerben und gesellschaftspolitische Partizipation leben wollen. Bei der Konzeption des Lehrganges wurde besonderer Wert darauf gelegt, vor allem jungen Menschen (auch mit noch wenig beruflicher Erfahrung) ein interessantes Bildungsangebot bieten zu können. (Letzteres konnte – mit Blick auf die AbsolventInnen des ersten Lehrganges – zum Teil eingelöst werden.)

Der Lehrgang ist modular aufgebaut. Die Module umfassen:

1. Modul: Politische Partizipation durch gesellschaftliche Kompetenz und exemplarisches Lernen (Geleitet von: Univ.-Prof. Oskar Negt, Univ.-Prof. Elke Gruber

2. Modul: Technologische Kompetenz/Ökologische Kompetenz (Geleitet von: Mag. Dr. Anita Thaler und DI Dr. Günter Getzinger)

3. Modul: Identitätskompetenz/Historische Kompetenz (Geleitet von: Dr. Katja Petersen und Univ.-Prof. Christine Zeuner)

4. Modul: Ökonomische Kompetenz/Gerechtigkeitskompetenz (Geleitet von: Univ.-Prof. Dr. Oskar Negt und Mag. Edith Zitz)

Der Lehrgang wurde von 18 TeilnehmerInnen (17 aus Österreich, ein Teilnehmer aus Slowenien) erfolgreich absolviert und mit einem Zertifikat abgeschlossen. Die TeilnehmerInnen (zehn Frauen und acht Männer) kamen aus unterschiedlichen Praxisfeldern – wie der öffentlichen Verwaltung, der Erwachsenenbildung/Weiterbildung, der Universität, der Politik, der Wirtschaft und der Arbeiterkammer; die ReferentInnen kamen von österreichischen und deutschen Universitäten und aus der Politik. Da der Lehrgang von der Weiterbildungsakademie Österreich (wba), einem

Anerkennungs- und Zertifizierungssystem zur Professionalisierung der Erwachsenenbildung (vgl. Gruber/Wiesner 2012), akkreditiert wurde, besteht für die AbsolventInnen die Möglichkeit, wenn sie sich im Rahmen der wba zertifizieren lassen wollen, dies mit dem Lehrgang erfolgreich tun zu können.

Es ist zu hoffen, dass der Lehrgang im nächsten Jahr eine Fortsetzung erfährt.

Literatur

Brock, A. (1999): Soziologische Phantasie, exemplarisches Lernen. Arbeit – Kompetenzen – Perspektiven. Zu Oskar Negts Grundpositionen zur Arbeiterbildung und politischen Bildung. In: Lenk, W./Rumpf, W. & Hieber, L. (Hrsg.): Kritische Theorie und politischer Eingriff. Oskar Negt zum 65. Geburtstag. Hannover, S. 461–473

Butler, J. (2001): Was ist Kritik? Ein Essay über Foucaults Tugend Download unter: http://eipcp.net/transversal/0806/butler/de [Stand: 23.01.2012]

Foucault, M. (1992): Was ist Kritik? Berlin

Gruber, E. (2008): Politische Bildung und Erwachsenenbildung – ein pädagogische-struktureller Blick. In: Klepp, Cornelia/Rippitsch, Daniela (Hrsg.): 25 Jahre Universitätslehrgang Politische Bildung. Wien

Gruber, E. (2012): Verträgt die Erwachsenenbildung noch Kritik? In: Erler, Ingolf/Holzer, Daniela/Kloyber, Christian/Ribolits, Erich (Hrsg.): Kritisch denken: für eine andere Erwachsenenbildung. schulheft Nr. 1, Innsbruck, S. 108–119.

Gruber, E./Wiesner, G. (2012): Erwachsenenpädagogische Kompetenzen stärken. Kompetenzbilanzierung für Weiterbildner/-innen. Bielefeld.

Moon, J. A. (2008): Critical Thinking: An exploration of theory and practice.

London and New York.

Negt, O. (1971): Soziologische Phantasie und exemplarisches Lernen. Zur Theorie und Praxis der Arbeiterbildung. Frankfurt a. M. und Köln.

Negt, O. (2010): Der politische Mensch. Demokratie als Lebensform. Göttingen.

Schuh, F. (2011): Die Bildung von Demokraten – Thesen zu Bildung und Politik. Referat bei der KEBÖ-Jahrestagung 2011. In: Die Österreichische Volkshochschule, 62. Jg., Nr. 242/Dezember 2011: S. 3–10.

Zeuner, C. u.a. (2005): Politische Partizipation durch gesellschaftliche Kompetenz: Curriculumentwicklung für die politische Grundbildung. 6 Studienhefte erstellt im Grundtvig 1-Projekt (110622-CP-1-2003-1-DE-Grundtvig-G1) im Rahmen des Socrates Programms der Kommission Bildung und Kultur der Europäischen Union. Flensburg. Download unter: http://www.hsu-hh.de/zeuner/index_o3RBEFQKMp7s3elZ.html [Stand: 2013-07-11].

Zeuner, C. (2010): Politische Erwachsenenbildung. Zielsetzungen, Aufgaben, Perspektiven. In: Hessische Blätter für Volksbildung. Zeitschrift für Erwachsenenbildung in Deutschland 4/2010: S. 305–314.

Zeuner, C. (2013): Didaktisches Handeln in der Erwachsenenbildung: Die Entwicklung eines didaktisch-methodischen Konzepts zu den „Gesellschaftlichen Kompetenzen" nach Oskar Negt. In: Gruber, Elke/Hackl. Wilfried (Hrsg.): Magazin Erwachsenenbildung.at, Heft 20/2013

Bettina Lösch

Zur Notwendigkeit einer reaktualisierten kritischen und emanzipatorischen politischen Bildung

Politische Bildung hat in Deutschland eine besondere Bedeutung. Sie ist im Unterschied zu den meisten anderen Ländern der Europäischen Union zum einen als Schulfach und als Unterrichtsprinzip verankert. Zum anderen existiert ein vielfältiges Spektrum an Angeboten und Trägern der außerschulischen politischen Bildung für Jugendliche und Erwachsene. Der im europäischen Vergleich herausragende Stellenwert politischer Bildung in Deutschland hat unterschiedliche historische Entstehungskontexte. Die schulische politische Bildung war traditionsgemäß eher als Staatsbürgerkunde angelegt, die eine „Erziehung zum Staat", später eine „Erziehung zur Demokratie" verfolgte. Die außerschulische politische Bildung ging dagegen eher aus selbst organisierten Bildungskontexten hervor, die oftmals aus der kritischen Auseinandersetzung mit den herrschenden gesellschaftlichen Verhältnissen entstanden. Die schulische und die außerschulische politische Bildung unterscheiden sich auch heute noch in vielerlei Hinsicht, insbesondere durch den Charakter der Freiwilligkeit und die nahezu freie Zeit- und Raumgestaltung der außerschulischen politischen Bildung. Gemeinsam ist ihnen allerdings ihr demokratischer Anspruch. Nach zwei Weltkriegen und den Erfahrungen mit dem Faschismus wurde mit der Gründung der Bundesrepublik eine Demokratisierung der deutschen (Nachkriegs-)Gesellschaft angestrebt. Das demokratische Prinzip ist seither tragender Konsens innerhalb der politischen Bildungsarbeit. Demokratisch verfasste Gesellschaften bedürfen einerseits einer aufklärenden, emanzipatorischen politischen Bildungsarbeit, um politische Meinungs- und Willensbildung zu gewährleisten und Gründe zum politischen Handeln erkennbar zu machen. Politische Bildung wiederum benötigt demokratische Prinzipien, um nicht als Erziehung zur Unmündigkeit missbraucht zu werden. Wie ist es gegenwärtig um die politische Bildung mit ihrem demokratischen Anspruch bestellt? Bedarf es aufgrund der globalen politischen und ökonomischen Transformations- und Krisenprozesse, des

Um- und Abbaus von Sozialstaat und Demokratie, einer Wiederbelebung des (gesellschafts-)kritischen Anspruchs der politischen Bildung?

Zur gegenwärtigen Lage der politischen Bildung

Im europäischen Vergleich verfügt Deutschland noch über eine recht gute Infrastruktur an politischen Bildungsangeboten und -trägern. Gegenwärtig steht die politische Bildungsarbeit aber vor verschiedensten Herausforderungen: Trotz wiederholter Lippenbekenntnisse einiger Politiker/innen zum hohen Stellenwert politischer Bildung wird ihre finanzielle Förderung weiter drastisch beschnitten (siehe www.demokratiebrauchtpolitischebildung.de). Im außerschulischen Bereich machen sich die Sparmaßnahmen seitens der öffentlichen Hand besonders bemerkbar. Bildungseinrichtungen werden geschlossen und die politische Bildungsarbeit immer mehr von Ehrenamtlichen übernommen, da feste Mitarbeiter/innenstellen eingespart werden. Aber auch die Umstellung des klassischen politischen Bildungsangebots auf die Vermittlung so genannter Schlüsselqualifikationen drängt die politischen Inhalte, die Grundlagen demokratischer Meinungs- und Willensbildung, zunehmend an den Rand. Die schulische politische Bildung ist wiederum seit jeher mit mangelnder Wertschätzung konfrontiert. Das Schulfach „Politik“ – in seiner länderspezifischen und schulstufenabhängigen Ausprägung – wird oft fachfremd unterrichtet, hat die höchste Ausfallquote und fristet an Schulen häufig eine marginale Existenz.

Auch die politischen Prozesse der Europäisierung und Internationalisierung bewirken einen tiefgreifenden Wandel der politischen Bildung, die bislang inhaltlich wie institutionell nationalstaatlich ausgerichtet war. Zweierlei ist zu beobachten: Im Zuge der Globalisierungsdebatte kommt es wieder zu einer verstärkten thematischen Politisierung der politischen Bildung, die in den letzten Jahren eher auf didaktische Überlegungen und Methodenfragen konzentriert war. Gleichzeitig muss die Politikdidaktik mit der globalen Transformation polit-ökonomischer Prozesse ihr Denken im „nationalstaatlichen Container“ (vgl. Steffens/Weiß 2004, S. 28) überwinden. Besonders der schulischen Politikdidaktik fällt – wohl auch angesichts der nationalstaatlichen Tradition des Bildungssystems – dieser Perspektivenwechsel nicht leicht.

Hinzu kommt der steigende Einfluss der Europäischen Union oder der internationalen Politik auf die Bildungspolitik und die politische Bildung. Es zeichnen sich diverse konzeptionelle Verschiebungen in der politischen Bildung ab. Demokratiepädagogische Ansätze treten immer mehr in den Vordergrund, da sie auf die angelsächsische *citizenship education* rekurrieren, die für den europäischen Kontext dominant ist. *Citizenship education* dient als neuer Trend oder Leitbegriff, der stärker nach Innovation klingt als die alte Bezeichnung „politische Bildung". Übersetzt als *political education* stößt letztere im europäischen Kontext nach wie vor auf Vorbehalte, da hier leicht etwas von (staatlicher) Politisierung der Schulen bzw. Belehrung mitschwingt.

Für die außerschulische politische Bildung ergeben sich neue Herausforderungen durch die europäischen Vorgaben und Zielbeschreibungen von (Weiter-)Bildung und politischer Bildung. Im „Memorandum über lebenslanges Lernen" der EU (2000) werden die Begriffe *active citizenship* (aktive Bürgerschaft) und *employability* (Beschäftigungsfähigkeit) als zentrale Ziele der Weiterbildung benannt (vgl. Widmaier 2008, S. 7). Außerdem wurde ein Europäischer Qualifikationsrahmen erarbeitet, der z.B. notwendige Schlüsselkompetenzen formuliert. Nach Vorstellungen des Europäischen Parlamentes und des Europäischen Rates sollen die nationalen Bildungssysteme den Intentionen des Europäischen Qualitätsrahmens angepasst werden. Dieser Einfluss der Europäischen Union und zahlreicher ihr zugeordneter Organisationen und *think tanks* wirkt sich auf die konzeptionelle Ausrichtung politischer Bildung in Deutschland aus.

Eine weitere gewichtige Herausforderung hinsichtlich der konzeptionellen Ausgestaltung bildet das neue Unterrichtsfach „Politik und Wirtschaft". Unternehmer- und Arbeitgeberverbände, Bankenverbände und konservative Stiftungen in Deutschland haben lange Zeit dafür Politik gemacht und mit der Kampagne „Wirtschaft in die Schule" Lobbyarbeit betrieben, dass mehr Ökonomie in den Schulen gelehrt wird (vgl. kritisch Hedtke 2008 sowie http://www.iboeb.org/). Die politische Einflussnahme zeigt mittlerweile Wirkung: der Politikunterricht, der immer schon auch ökonomische Fragen und Probleme behandelt hat, wurde um die

Disziplin der Wirtschaft erweitert. Lehrpläne wurden verändert und die Schulbuchverlage reagierten prompt mit einer neuen Schulbuchgeneration auf dem Markt, die sich stärker ökonomischen Sachverhalten didaktisch zuwenden (vgl. Tschirner 2008, S. 73). Die Integration beider Fächer und ihrer spezifischen Inhalte ist leider durch das neue Schulfach nicht gelungen. Wirtschaftswissenschaftliche Aspekte – vor allem der Mikroökonomie – verdrängen eher politische Themen und Probleme, da der Stundenanteil an den Schulen nicht ausgeweitet wurde. Im Bereich der Wirtschaftsdidaktik fehlt es an kontroversen Diskussionen, und die grundlegenden Prinzipien der politischen Bildung, die der „Beutelsbacher Konsens" festschreibt (Überwältigungsverbot, Kontroversitätsgebot und Schüler/innenorientierung), werden weitestgehend ignoriert.

Insgesamt betrachtet wirken sich der ökonomische Druck und die neoliberal orientierte Politik der letzten Jahrzehnte auf die politische Bildung aus (vgl. Lösch 2008). Förderungspolitisch wird ein Abbau politischer Bildungsarbeit vorangetrieben; das verbleibende Bildungsangebot unterliegt markt- und outputorientierten Modernisierungsprozessen. Den öffentlichen Sparmaßnahmen im Bildungsbereich fallen z.B. auch die Arbeit der Bundes- und Landeszentralen für politische Bildung zum Opfer, die ständig von Kürzungen und Schließungen bedroht sind oder wie die Niedersächsische Landeszentrale bereits abgeschafft wurden. Aufgrund des permanenten finanziellen Engpasses wird das Geschäft der politischen Bildungsarbeit und das Erstellen von Materialien für die Schulen leichtfertig privaten Anbietern überlassen – den Sparkassen, dem Bundesverband deutscher Banken, den konservativen Stiftungen, der Bertelsmann-Stiftung etc. –, die das Feld und die Notwendigkeit der politischen Meinungs- und Willensbildung längst für sich entdeckt haben und im Begriff sind, es zu okkupieren, da sie im Gegensatz zu den öffentlichen Einrichtungen über die finanzielle Ausstattung verfügen. Private Anbieter müssen nicht mit der Mängelwirtschaft der öffentlichen Hand rechnen, sondern sind in der Lage, gut aufgearbeitetes Bildungsmaterial bereitzustellen. Diese Bildungsmaterialien sind häufig tendenziös und interessengeleitet und widersprechen dem Gebot der Kontroversität der politischen Bildung.

Politische Bildung, so ließe sich zusammenfassen, wird auf struktureller Ebene gekürzt und durch neue Akteure in ihrem gesellschaftskritischen und demokratischen Anspruch beschnitten. Klaus Ahlheim, emeritierter Professor für politische Erwachsenenbildung, und der Leiter der IG Metall Bildungsstätte Sprockhövel, Horst Mathes, haben bereits im Frühjahr 2005 ein „Plädoyer für eine kritische politische Bildung“ verfasst, in dem sie sich gegen die Tendenz wenden, politische Bildung den Marktgesetzen und einer rein betriebswirtschaftlich begründeten Kosten-Nutzen-Rechnung preiszugeben (vgl. Ahlheim/Mathes 2005). An dieses Plädoyer knüpft das Handbuch für eine kritische politische Bildung an (Lösch/Thimmel 2010).

Kritische politische Bildung

Politische Bildung ist und war nie per se kritisch, sondern sie diente in vielen historischen Phasen der Herrschaftslegitimation – vor allem im Feld der Schule, in der sie einen staatlichen Auftrag hat. Die selbstorganisierten Formen politischer Bildung im außerschulischen Bereich setzten sich dagegen meist kritisch mit den jeweiligen sozialen Ungleichheits-, Macht- und Herrschaftsverhältnissen auseinander. In den 1970er- und 1980er-Jahren bildete insbesondere die Kritische Theorie der Frankfurter Schule ein theoretisches Fundament kritischer Politikdidaktik und Pädagogik. Ein wichtiger Einfluss war das wieder gegründete Frankfurter Institut für Sozialforschung, dessen Mitglieder während des Nationalsozialismus emigrieren mussten, zum Teil aber nach Deutschland zurückgekehrt waren und ihre Forschungsarbeit fortsetzten. Theodor W. Adorno formulierte den für die politische Erinnerungs- und Bildungsarbeit prägenden pädagogischen Imperativ: „Die Forderung, daß Auschwitz nicht noch einmal sei, ist die allererste an Erziehung. Sie geht so sehr jeglicher anderen voran, daß ich weder glaube, sie begründen zu müssen noch zu sollen“ (Adorno 1971; S. 88). Den Faschismus nicht aus den Augen lassend und die autoritären Entwicklungen in Deutschland erkennend stellte er die Prinzipien von Autonomie und Mündigkeit für eine kritisch-emanzipatorische Bildung in den Vordergrund: „Die einzig wahrhafte Kraft gegen das Prinzip von Auschwitz wäre Autonomie, wenn ich den Kantischen Ausdruck verwenden darf; die Kraft zur Reflexion, zur Selbstbestimmung, zum Nicht-Mitmachen“ (ebd., S. 93). Eine Demokratie verlange mündige Menschen, so

Adorno weiter, wenn sie nicht nur als rein „formale" verstanden werden soll. Verwirklichte Demokratie sei nur als Gesellschaft von mündigen, selbstbestimmten Menschen vorzustellen, wobei die Konkretisierung der Mündigkeit darin bestehe, „daß die paar Menschen, die dazu gesonnen sind, mit aller Energie darauf hinwirken, daß die Erziehung eine Erziehung zum Widerspruch und zum Widerstand ist" (ebd., S. 145).

Emanzipation, Kritikfähigkeit, Autonomie und Mündigkeit prägten insofern einige Zeit das Selbstverständnis der politischen Bildung. Anlässe für eine kritischemanzipatorische politische Bildungsarbeit bildeten etwa das Erstarken rechtsextremer Parteien oder die entdemokratisierenden Tendenzen einer formierten und nach wie vor autoritär strukturierten Nachkriegsgesellschaft, die in der Kritik der außerparlamentarischen Opposition und der Studentenbewegung der 1960er- und 1970er-Jahre stand. Insgesamt erlebte die politische Bildung in Zeiten ihrer sozialwissenschaftlichen Orientierung eine Hochphase. Einen wichtigen Beitrag für die außerschulische politische Bildung bildete die von Oskar Negt entfaltete Theorie und Praxis der Arbeiterbildung und des exemplarischen Lernens (Negt 1972). Er sprach sich für eine soziologische Orientierung aus, die es ermöglichte, dass die Arbeiter ihre eigenen Erfahrungen in einen gesellschaftlichen Zusammenhang bringen können. Er entwickelte einen politischen Bildungsansatz, der zur emanzipativen Veränderung der Verhältnisse beitragen sollte (vgl. auch Bürgin 2012).

Die explizite Haltung und der Anspruch einer kritischen Selbstaufklärung und emanzipatorischen Entfaltung der Gesellschaft sind im Diskurs der politischen Bildung allerdings (weitestgehend) auf der Strecke geblieben. Ein Grund dafür ist, dass die politische Bildung wissenschaftlich fast nur noch durch die schulische Politikdidaktik repräsentiert wird. Die außerschulische politische Bildung mit ihrem stärker gesellschaftskritischen Anliegen ist im wissenschaftlichen Diskurs kaum vertreten, da ihr eine universitäre Verankerung fehlt (vgl. Bürgin/Lösch 2013). In den 1980er/90er-Jahren wurde die Strömung kritischer politischer Bildung außerdem durch die vermeintliche ‚Verwissenschaftlichung' und didaktische Spezialisierung der schulischen politischen Bildung an den Rand gedrängt. Es wurde der Versuch unternommen, diese Strömung mit der Argumentation zu delegitimieren, dass die Verfolgung eines emanzipatorischen Zieles oder Interesses eine unzulässige Instrumentalisierung darstelle. Prinzipien kritisch-emanzipatorischer Bildung seien nicht mehr zeitgemäß, traditionalistisch und hätten missionarischen Charakter (vgl. etwa Sander 2005, S. 16 f.).

Gleichzeitig werden angesichts der aktuellen politischen und sozio-ökonomischen Verhältnisse, der globalen Transformation von Politik und Ökonomie, Rückgriffe auf eine kritische Gesellschaftsanalyse und Zeitdiagnose immer notwendiger. Es sei denn, man will in der politischen Bildung weiterhin einen nationalstaatlich eingehegten Politikbegriff und ein idealisiertes, wenn auch eingeschränktes Demokratieverständnis hegen und pflegen. Innerhalb der politischen Bildungsarbeit wird vielfach der Anspruch geäußert, sich wieder mehr mit gesellschaftlichen Entwicklungen kritisch-reflexiv auseinanderzusetzen, und es steigt das Bedürfnis, politische Bildung nicht auf den Erwerb rein verwertungsorientierter und markt- bzw. berufsorientierter Schlüsselkompetenzen zu reduzieren. Hier knüpfen die von Negt in den 1980er und 90er Jahren formulierten „kritischen Kompetenzen" an, die sich auf konkrete gesellschaftliche Bereiche und Problemfelder richten – nach wie vor mit dem Ziel, gesellschaftliche Verhältnisse emanzipativ zu verändern. Diese Kompetenzen wurden im Bereich der politischen Erwachsenenbildung aufgegriffen und weiterentwickelt (vgl. Zeuner 2005). Die Kompetenzdebatte in der schulischen politischen Bildung ist weit von einem kritisch-emanzipativen Verständnis entfernt.

Was kennzeichnet also eine politische Bildung, die Kritikfähigkeit und Emanzipation als Prinzipien formuliert? Eine kritische politische Bildung bezieht sich erstens auf kritische Gesellschaftstheorien. Der Kritikbegriff der kritischen Theorie – und damit ist nicht allein die Kritische Theorie der Frankfurter Schule gemeint – ist kein rein formaler, sondern ein qualitativer Kritikbegriff, der die Veränderbarkeit sozialer Verhältnisse im Blick hat. Kritische Gesellschaftstheorie analysiert Herrschafts- und Machtverhältnisse (wie Rassismus, Geschlechter- oder Klassenverhältnisse). Sie versucht dabei, die Eingebundenheit von Wissenschaft und Theorie(-bildung) in diese Verhältnisse zu reflektieren. Sie zielt auf Demokratisierung und Emanzipation, wobei sie beide Prozesse der Selbstbestimmung (des Gemeinwesens und der Individuen) als widersprüchliche und stets umkämpfte begreift. Demokratisierung meint dabei die Ausweitung politischer Teilnahme und sozialer Teilhabe, ist daher nicht ohne den Abbau von Unterdrückung, sozialer Ungleichheit und sozialen Ausschlusses zu realisieren. Kritische Gesellschaftstheorie eröffnet in ihren Analysen Alternativen und Perspektiven, wie eine zukünftige Gesellschaft gestaltet sein kann. Sie zeigt bereits bestehende Praxen auf, die auf diese Alternativen verweisen. Kritische Theorie trägt zur Autorisierung marginalisierter Positionen bei, stärkt also diejenigen, die im dominanten Diskurs nicht oder kaum vertreten sind. Eine kritische politische Bildungspraxis will in Bezug zur kritischen Theorie ermöglichen, dass Individuen die sozialen Verhältnisse, in die sie tagtäglich eingebunden sind, verstehen und die soziale Welt, die sie sich bildend erschließen, eingreifend verändern können. Sie begreift gesellschaftliche Verhältnisse als von Menschen gemacht und somit als politisch veränderbar.

Kritische politische Bildung arbeitet zweitens mit einem weit gefassten Politik- und Demokratieverständnis. Politik meint in diesem Sinne die allgemeinen öffentlichen Angelegenheiten (die res publica). Diese schließen die Auseinandersetzung mit alltäglichen Macht- und Herrschaftsverhältnissen ein – gemeint ist bspw. die Thematisierung von Rassismus, Geschlechterverhältnissen, sozialen Klassenverhältnissen und der Ausbeutung von Natur. Kritische politische Bildung arbeitet weder mit einem idealisierten, normativ überhöhten noch mit einem minimalistischen Demokratiebegriff. Während der erste mit einer Sein-sollen-Perspektive oftmals übersieht, in welchem Zustand sich demokratische Gesellschaften aktuell befinden, beschränkt letzterer die demokratische Beteiligung auf formale Institutionen, Prozedere und den Wahlakt. Weitreichende Demokratisierung meint hingegen die Selbstregierung der Bürgerinnen und Bürger und zielt auf die Selbstbestimmung der Menschen. Mitsamt den unkonventionellen Formen direkter und bürgerschaftlicher politischer Beteiligung (vgl. Lösch 2012), wie sie derzeit in Bürgerinitiativen etc. praktiziert und eingefordert werden, entstehen auch neue Formen und Gelegenheiten politischer Bildung.

Kritische politische Bildung leistet drittens eine kritische Analyse und Beurteilung des gesellschaftspolitischen Kontextes. Wie ist es derzeit um das Politische, um Sozialstaat und Demokratie bestellt? Wir erleben derzeit die Aufkündigung des Wohlfahrtskompromisses, die Entmachtung der Parlamente, die Privatisierung und Informalisierung von Politik, die zunehmende Polarisierung von arm und reich, die langfristige Senkung der Reallöhne und Deregulierung von Arbeitsverhältnissen, die zunehmende Verschuldung öffentlicher Haushalte bei gleichzeitiger Steuersenkung von Vermögenden und steuerlicher Belastung der unteren Einkommensgruppen. Mit diesen gesellschaftlichen Verhältnissen hat sich politische Bildung inhaltlich auf der erkenntnistheoretischen Höhe kritischer Theorien auseinanderzusetzen, wenn sie denn an den Strukturen und Mechanismen sozialer Ungleichheit und Herrschaft interessiert ist und an deren Abbau und Kontrolle mitwirken will. Kritische politische Bildung zielt auf demokratische und soziale Partizipation und hat diese gleichermaßen zur Voraussetzung. Denn in der politischen Bildungsarbeit kann nicht geleistet werden, was eigentlich Aufgabe demokratischer und sozialstaatlicher Institutionen und Strukturen ist. Es bedarf einer reaktualisierten Form der Gesellschafts- und Herrschaftskritik in der politischen Bildung, auch um (wieder) zu verdeutlichen, dass gesellschaftliche Verhältnisse emanzipatorisch veränderbar sind.

Literatur:

Adorno, T. W. (1971): Erziehung zur Mündigkeit, Frankfurt/M.

Ahlheim, K./Mathes, H. (2005): Plädoyer für eine kritische politische Bildung. Ein Streitaufruf, in: Praxis Politische Bildung, Jg. 9, Heft 3, S. 229–234

Bürgin, J. (2012): Oskar Negt, die soziologische Phantasie und das exemplarische Lernen in der Arbeiterbildung, in: Niggemann, Janek (Hrsg.): Emanzipatorisch, sozialistisch, kritisch, links? Zum Verhältnis von (politischer) Bildung und Befreiung, Berlin, S. 68–78

Bürgin, J./Lösch, B. (2013): Außerschulische politische Bildung und Hochschulen. Bestand, Bedarf und Perspektiven zur Weiterqualifizierung praxiserfahrener Bildungsarbeiter_innen, Projektantrag (unveröffentlicht)

Hedtke, R. (2008): Wirtschaft in die Schule?! Ökonomische Bildung als politisches Projekt, in: Gesellschaft-Wirtschaft-Politik (GWP), Heft 4/2008, S. 455–461

Lösch, B. (2008): Politische Bildung in Zeiten neoliberaler Politik: Anpassung oder Denken in Alternativen, in: Christoph Butterwegge/Bettina Lösch/Ralf Ptak (Hrsg.): Neoliberalismus. Analysen und Alternativen, Wiesbaden, S. 335–354

Lösch, B. (2012): Die Zukunftsfähigkeit der Demokratie. Neue politische Beteiligungsformen in der Diskussion, in: Gesellschaft. Wirtschaft. Politik, Heft 1/2012, S. 83–90

Lösch, B./Thimmel, A. (Hrsg.) (2010): Kritische politische Bildung. Ein Handbuch, Schwalbach/Ts.

Negt, O. (1972): Soziologische Phantasie und exemplarisches Lernen. Zur Theorie und Praxis der Arbeiterbildung, 3. Auflage der überarbeiteten Neuausgabe, Frankfurt/M.

Sander, W. (2005): Theorie der politischen Bildung: Geschichte – didaktische Konzeptionen – aktuelle Tendenzen und Probleme, in: Wolfgang Sander (Hrsg.): Handbuch politische Bildung, Schwalbach/Ts., S. 13–47

Steffens, G./Weiß, E. (Hrsg.) (2004): Globalisierung und Bildung. Jahrbuch für Pädagogik, Frankfurt/M. u. a.

Tschirner, M. (2008): Mehr Ökonomie in die Schule. Zum Verhältnis politischer und ökonomischer Bildung in aktuellen Lehrplänen, in: Gerd Steffens/Benedikt Widmaier (Hrsg.): Politische und ökonomische Bildung. Konzepte – Leitbilder – Kontroversen, Wiesbaden, S. 72–86

Widmaier, B. (2008): Active Citizenship & Citizenship Education. Europäische Referenzrahmen für non-formale politische Bildung, in: Praxis Politische Bildung, Jg. 12, Heft 1, S. 5–12

Zeuner, C. u.a. (2003 – 2005): Politische Partizipation durch gesellschaftliche Kompetenz. Curriculumentwicklung für die politische Grundbildung. Download unter: http://www.hsu-hh.de/zeuner/index_o3RBEFQKMp7s3elZ.html (abgerufen am 15.3.2013)

Oskar Negt

Utopie und Lernen

Liebe Kolleginnen und Kollegen, meine Damen und Herren,

es ist natürlich so ein Problem, die Erwartungen, die so in der Luft sich bewegen, jetzt in diesem halben Tag und gestern auch nur entfernt erfüllen zu können. Ich stehe ein wenig unter Druck, weil, na ja, wenn andere aufzeigen, welcher systematische Zusammenhang der einzelnen Dinge besteht, die ich selber nicht so sehe, hat das etwas sehr befriedigendes an sich. Aber verpflichtet natürlich auch, an dem Faden weiterzumachen oder irgendetwas zu erörtern, was vielleicht nicht alle schon kennen.

Lasst mich einmal in diesem vorsichtigen Zugang zu den Problemen, die erörtert wurden, eine Art philosophisches Problem an den Anfang stellen. Ich muss gestehen, dass an der Betonung dessen, was Phantasie ist, gegenwärtig sich die Realität so verändert hat, dass man nicht mehr weiß, was Phantasie und was Wirklichkeit ist. Der Wirklichkeitsbegriff hat sich entscheidend verändert und damit auch die Beziehung zwischen Wirklichkeit und Utopie. Wer kann sich schon vorstellen, was 750 Milliarden Euro an Rettungsschirm bedeuten? Also das Doppelte unseres Staatshaushaltes in irgendwelchen Bürgschaften eingezahlt oder versprochen. Kann man sagen, das ist gar nicht schlimm, das wird ja gar nicht abgefordert? Das wäre doch so etwas wie Politik als magische Praxis. Das heißt die Beschwörung durch Worte, um etwas nicht der Katastrophe zuzuführen.

Ich muss gestehen, wenn ich hier etwas über soziologische Phantasie höre – und das beziehe ich auf die 60er und 70er Jahre –, hat sich da etwas im Realitätsverhältnis geändert. Ich weiß noch nicht genau was, aber es ist so, dass ich den Buchtitel gewagt habe „Nur noch Utopien sind realistisch". Und damit meine ich, dass wir in den letzten 25 Jahren gesehen haben, wie Mauern zerbrechen und wie Staaten sich einfach in Wohlgefallen auflösen, ohne dass auch nur ein militärischer Einmarsch erfolgt ist. Man könnte die Frage stellen, ist das denn überhaupt wirklich gewesen, was da aufgebaut wurde? Und ist nicht Freizügigkeit als Menschenrecht schier haltbar, also realitätsnäher, oder Gleichheit etwas, was die Menschen berührt, langfristig viel bedeutender und realitätshaltiger als das, was gegenwärtig abläuft.

Mit anderen Worten, das Verhältnis von Utopie und Wirklichkeit hat sich zum Teil umgekehrt. Das, was wir Wirklichkeit nennen, könnte stärker als eine Art Fiktion erscheinen. Es gibt bei Edmund Husserl einen Satz in seiner Schrift „Krises der europäischen Wissenschaften", der sagt, wenn man Menschen nur mit Tatsachen belehrt, dann bekommt man einen Tatsachenmenschen. Die Haltung des Tatsachenmenschen besteht darin, dass eigentlich die Alternativlosigkeit der Entwicklung für ihn Glaubenssatz ist. Er wird auf Tatsachen verwiesen und gesagt, es ist anders auch gar nicht möglich, was sich entwickelt. Ich glaube, diesen Tatsachenmenschen haben wir es zu verdanken, dass wir an den Rand einer Katastrophe geführt worden sind. Es sind ja nicht die Utopisten, die uns das beschert haben, was gegenwärtig abläuft in der so genannten Finanzkrise. Die Deutsche Bank, das hab ich gestern gelesen, macht weiter mit Risikopaketen. Ohne dass das irgendwie verhindert wird. Sie tun so, als ob überhaupt nichts passiert wäre. Ich glaube, diese Verdrehung von Realität und Utopie spielt eine große Rolle bei der Bestimmung dessen, was wir als politische Lernprozesse betrachten.

Meine Position besteht darin zu sagen, wenn wir es mit diesen Tatsachenmenschen zu tun haben, müssen wir größere Vorsicht ihnen gegenüber aufkommen lassen. Dass sie eben ihre Alternativlosigkeit nicht zu einer manifesten, kompakten Ideologie entwickeln, sodass alle Menschen daran glauben, dass das alternativlos ist. Wir müssen darüber nachdenken, ob der Realitätssinn nicht viel stärker ersetzt werden müsste durch einen Möglichkeitssinn. So hat es Musil in seinem „Mann ohne Eigenschaften" genannt – wenn es einen Realitätssinn gibt, dass wir uns bewusst sein müssen, wenn wir durch eine Tür gehen, dass ein Rahmen da ist. Und einen Realitätssinn benötigen wir für begrenzte Bereiche unseres Lebens. Aber es muss auch einen Möglichkeitssinn geben. Der Möglichkeitssinn ist das, was ich unter Utopie verstehe. Die Dinge zu drehen und zu wenden bis zu dem Punkt, wo sie Perspektiven der Entwicklung aufweisen, die so unmittelbar nicht erkennbar sind. Wer nicht weiß, was über die Dinge hinausgeht, weiß auch nicht, was sie sind, hat Adorno einmal gesagt. Ich glaube, dass so eine Denkform zu entwickeln sehr wichtig ist in allen Erziehungs- und Bildungsprozessen. Man könnte sogar sagen, das ist ein wesentlicher, substanzieller Bestandteil von Bildung. Horizonte zu öffnen, die Horizontwahrnehmung der Menschen zu pflegen.

Was ist „Die geistige Situation unserer Zeit"? Diese Schrift von 1932 von Karl Jaspers anzuwenden auf unsere Zeit bedeutet, dass wir es gegenwärtig mit einer ungeheuren Zerstörung von Bindungen zu tun haben. Die Bindungsgewebe der Menschen an Sachverhalten, aber auch an Personen sind am zerbrechen. Der Neoliberalismus der letzten 25 Jahre und die Vorbereitung dieses Neoliberalismus, z. B. in England, laufen schon länger. Es wird deutlich, dass wir die Bindungsfähigkeit nicht aufrechterhalten können, wenn die Marktgesellschaft zu der bestimmenden Norm gesellschaftlichen Lebens wird. Eine durchtotalisierte Marktgesellschaft kann Bindungen nicht gebrauchen. Diese Bindungsgeflechte sind in einem Vierteljahrhundert in einer Weise porös geworden und zerbrochen, dass selbst Leute wie Ralf Dahrendorf kurz vor ihrem Tode sagen, eine bindungslose Gesellschaft ist gewaltanfällig, gewaltförderlich.

Wir müssen aufpassen, dass die Ligaturen, wie er es nennt, nicht verschwinden. Die Ligaturen, das heißt die Bindungen der Menschen untereinander, aber auch an Sachverhalten. Insofern ist es natürlich etwas Humanes, wenn Leute an bestimmten Konzeptionen festhalten. Obwohl es so erscheint, dass das ein Traditionalismus ist, der vielleicht nicht mehr in die Zeit passt. Wir müssen mit Bindungen vorsichtig umgehen. Das bedeutet natürlich auch, dass Lernprozesse immer auch zu tun haben mit Orientierungen. Heute ist jeder Lernprozess, der zu einer Autonomisierung von Subjekten führt, in einem doppelten Gesichtspunkt verankert: in Sachwissen und Orientierungswissen. Das heißt, wir sind in einer geistigen Situation der Zeit, in der wir nicht einfach so tun können, als ob das bloße Wissen etwas wäre, was ausreicht, die Persönlichkeitsstrukturen zu befestigen. Wir müssen uns als tätig Lehrende auch darum kümmern, was unser eigenes politisches Bewusstsein ist, auch um politisches Bewusstsein und Identitätsbildung bei anderen zu Stande zu bringen. Gerade wenn hier von exemplarischem Lernen die Rede ist, ist die Vorarbeit, die jene hier machen müssen, die lehrend tätig sind, viel stärker als bei jenen, die irgendwelche dogmatischen Systeme nach unten weitergeben. Das ist dabei zu sehen, dass es nicht einfach eine Frage der Spontaneität ist, bestimmte Fälle, Konfliktfälle aufzugreifen, bestimmte Erfahrungen aufzudecken und zu verallgemeinern.

Bewusstseinsbildung beginnt bei den Lehrenden. Die Erzieher müssen erzogen werden. Das heißt, dass wir in diesem Utopiezusammenhang immer auch darüber nachdenken müssen, was eigentlich die kollektiven Lernprozesse für uns bedeuten.

Ich möchte einmal drei kollektive Lernprozesse Europas skizzieren. Wir können anschließend diskutieren, ob es so etwas wie historisches Lernen gibt. Hegel bestreitet das. Das Einzige, was die Völker aus der Geschichte lernen, ist, dass sie nichts lernen, hatte er gesagt. Der Überzeugung bin ich nicht oder ich meine, das ist eine hoffnungslose Feststellung von Hegel.

Der erste große Lernprozess ist der Westfälische Frieden. Er dokumentiert ein Ende eines selbstmörderischen Krieges, in dem es überhaupt keine Fronten mehr gibt. Man wird nicht darüber belehrt, in der Schule oder irgendwo anders, dass zum Beispiel der Kardinal Richelieu die schwedischen Truppen bezahlt hat. Die Verhandlungen des Westfälischen Friedens haben gewaltige Veränderungen in der Rechtskultur Europas bewirkt. Es ist eigentlich der erste große kollektive Lernprozess. Zum Beispiel die Trennung von Legalität und Moralität führt dazu, dass die gesetzgebende, die Inquisitionsgerichtsbarkeit abgeschafft wird. Die Hexenprozesse werden allmählich weniger. Das heißt, hier entsteht etwas Neues. Natürlich auch die Ermächtigung der Einzelnen, souverän Krieg nach Belieben zu führen. Das heißt, es entsteht eine Souveränität, in der es nicht viel blutleerer abläuft als im 30-jährigen Krieg, aber in organisierter Form. Carl Schmitt spricht von der „Einhegung des Krieges“. Es werden bestimmte Rechtssätze, obwohl sie nur Normen sind, die häufig verletzt werden, in die europäische Geschichte eingebracht, die unverlierbar sind. Die in dem Sinne immer wieder als Utopien erscheinen.

Der zweite Lernprozess besteht darin, dass in der Nachkriegszeit die Menschen begreifen, so steht es auch im Ahlener Programm der CDU, dass die wirtschaftlich Mächtigen nie wieder ohne demokratische politische Kontrolle gelassen werden dürfen. Auch Adenauer hat dies 1947, wenn auch widerwillig, unterschrieben. Es gab damals eine große Koalition zwischen Nell Breuning und Otto Wellner in diesem Punkt.

Es gibt die Aussage, die historische Aussage, dass nur Menschen, die nicht Existenzängste haben wirkliche Demokraten sein können. Das heißt, Demokratisierung ist gebunden an die Überwindung sozialdarwinistischer Ängste der Menschen.

Ein dritter Lernprozess wäre jetzt in Europa nötig, der versucht, die neuen Bedingungen aufzunehmen und den Sozialstaat zu verteidigen als ein wesentliches Medium, einen wesentlichen Bestandteil einer demokratischen Kultur, einer Demokratie als Lebensform. Ich bin der Überzeugung, dass wir nur dann diese drei Säulen aufrechterhalten können in Europa, die auch so etwas wie einen emanzipierten gesellschaftlichen Zusammenhang darstellen: Rechtsstaat, Sozialstaat und Demokratie. Alle drei sind notwendig für eine europäische Entwicklung.

Ich hab davon gesprochen, dass die Bindungen zerbrechen. Zum ersten Mal in der Geschichte ist die Endtraditionalisierung, die Soziologen beschreiben, zusätzlich durch eine offizielle Politik gestützt worden. Wir haben eine Phase des Neoliberalismus, in der eine marktgerechte Demokratie dadurch installiert wird, dass die Menschen möglichst wenig Bindung halten.

Wir hatten einmal einen Volvo, den ich 1991 gekauft habe. Er fuhr noch bis letztes Jahr. Er war etwas demoliert, denn ich habe sehr viele Beulen verursacht. Eigentlich war es nicht mehr standesgemäß, sich mit diesem Fahrzeug sehen zu lassen. Aber er fuhr nach wie vor. Das ist natürlich eine völlig gegen den Markt gerichtete Verhaltensweise. Das ist jetzt nur ein Beispiel für viele. Das heißt dieses Kappen von Bindungen an Sachverhalte, an Überzeugungen – der Konvertit gewissermaßen – ist eine lobenswerte Figur geworden. Man muss nicht Wort halten, das gilt als nicht sachgemäß. Das heißt, hier sind Bindungen zerstört worden, aber jetzt ist der entscheidende Punkt, dass die Bindungsbedürftigkeit nicht nachgelassen hat, sondern die Bindungsbedürfnisse suchen andere Wege und die Gefahr einer solchen Bindungslosigkeit ist mit Händen greifbar. Der Rechtsradikalismus gibt Angebote, formuliert Angebote für Bindung, ja, Kameradschaftsbindungen. Das heißt, wieder eine nationalstaatliche Komponente steckt da drin. Die Revitalisierung nationalstaatlicher Symbole erfolgt nicht mehr an den Rändern dieser Gesellschaft. Holland ist kein Randland und Ungarn ist es auch nicht. Das heißt, wenn wir nicht unsere Lernprozesse, kollektiven Lernprozesse, darauf abstellen, Antworten auf Fragen nach neuen Bindungen zu geben, werden Angebote nicht nur von links, sondern auch von rechts kommen. Nie bleiben solche fundamentalen Bedürfnisse einfach herrenlos auf der Straße liegen. Sie werden gebraucht und genutzt. Ich spreche davon, dass in dieser Gesellschaft der Angstrohstoff wächst. Angstrohstoff bedeutet, dass die Ängste, die Überlebensängste der Menschen, zunehmen und kumulieren. Angstreaktionen sind darauf aus Bindung zu suchen. Bindungen religiöser Art, fundamentalistischer Art versprechen Wahrheit und Sicherheit, und zwar nicht auf dem umständlichen Weg demokratischer Beteiligungsstrukturen.

Das ist die eigentliche Gefahr der Demokratie, dass Vereinfacher auf den Plan treten, die Wortgewaltigen, die im Grunde ein Versprechen, ein Wahrheitsversprechen und ein Sicherheitsversprechen abgeben. Insofern ist es erstaunlich, wie viele Menschen der Papst auf die Bühne, in die Öffentlichkeit bringt. Egal was er sagt. Der Papst könnte sich erlauben, einen völligen Unsinn zu reden, und trotzdem stellt er ein Forum dar. Das hat etwas damit zu tun, dass nicht mehr die Rationalität der Bindungen gilt, sondern er sagt wenigstens etwas und gibt Angebote, formuliert Angebote. Wir haben in Deutschland noch nicht die wirklichen Verführer, die rechtsradikalen Verführer. Dazu gehört noch Persönlichkeit. Aber die Gefahr ist doch sehr groß.

Was hat das jetzt mit Lernen zu tun? Ich glaube, dass wir in den 70er Jahren, in einem Kreis u. a. mit Adolf Brock, Michael Schumann, dem SDS und dem sozialistischen Büro, darum bemüht gewesen sind, innerhalb der marxistischen Theoriebildung die Horizonte der Bildung zu öffnen, ohne auf Theorie zu verzichten. Ich glaube, das ist die Klemme gewesen, in der wir waren. Wir haben gesehen, wie die Dogmatiker unterwegs sind und Wahrheitsversprechen und Sicherheitsversprechen machen. Gott, was gab es Diskussionen bsplw. mit Josef Schleifstein. Wir standen gewissermaßen in Legitimationsnot, einen Marxismus zu vertreten, der gewissermaßen eine Erklärung für die gegenwärtige Welt bereithielt, was Kapitallogik, was Kapitalakkumulation, den Kapitalismus insgesamt betrifft. Gleichzeitig wollten wir einen Lernprozess eröffnen, der die Assoziationshorizonte und Erfahrungen der Menschen aufnimmt. Nicht der so genannte Erfahrungsansatz des Lernens spielt hier eine zentrale Rolle. Erfahrungsansatz bedeutet eigentlich etwas Selbstverständliches. Dass man nicht parallel Unterricht machen kann, sondern aufgreift, was in den Subjekten selber vorhanden ist. Auch heute gilt, dass man aufmerksam die wirklichen Veränderungen betrachten muss.

Es war ja so, dass der Ursprung der Arbeiterbewegung bei den Chartisten darin bestand, dass sie hunderttausende in London mobilisieren konnten. Die beginnende Industrialisierung war für die Chartisten eine große Chance, öffentlich zu machen, wie das Elend auf der Grundlage dieser Industrialisierung wächst. Und sie haben viele Veranstaltungen gemacht und dennoch nichts bewirkt. Bis eben innerhalb der chartistischen Tradition 1830 32 Leute auf den Gedanken kamen und sagten, wir müssen dorthin, wo die wahre Macht ist, in die Betriebe. Hier fängt die gewerkschaftliche Macht an zu wachsen, die Organisation, Widerstandsorganisation in den Betrieben.

Ich formuliere gegenüber den Gewerkschaften immer auch, dass sie nach außen gehen müssen. Die betriebliche Verankerung hängt inzwischen auch sehr stark ab von der Verankerung in den Stadtteilen, in den Bürgerinitiativen. Also das, was früher auch die Ortskartelle gemacht haben. Heute sind sie weitgehend abgeschafft als Schnittstelle von Bewegungen. Das heißt, der Erfahrungsansatz sagt etwas, das sehr selbstverständlich ist, dass man von den wirklichen Bedürfnissen, Interessen, um nicht zu sagen Utopien, der Adressaten solcher Lernprozesse ausgehen muss. Das bedeutet sehr viel. Es bedeutet, dass man sich auf die Realität so einlassen muss, dass man nicht immer schon die Gebildeten und Emanzipierten unterstellt, sondern eben Prozesse, in denen die schwerwiegende Arbeit dieser Emanzipation selbst ein Mittel ist, andere zu überzeugen, zu protestieren, sich widerständig zu verhalten. Exemplarisch ist dieses Lernen deshalb, weil die Menschen in solchen Lernprozessen einmal begreifen müssen, worum es geht. Das heißt, sie müssen nicht alles verstehen, aber die entscheidenden Punkte, Bruchstellen. Verstehen ist ein wesentliches Mittel dieses Lernprozesses.

Heute gibt es eine Rückbildung, was das Lernen und die Bildung betrifft, die wir so gar nicht vor uns hatten in den 70er Jahren oder 80er Jahren. Denn dieses akkumulative Lernen, was aufgrund des Bologna-Prozesses heute gefordert wird, ist kein Verständnislernen. Es ist verständnisschwaches Lernen, weil die Zeitstruktur des Lernens nicht einbezogen ist. Die Persönlichkeit, das Persönlichkeitslernen hat drei Schichten. Das ist einmal die kognitive Schicht, auf die heute die Lernprozesse komplett reduziert sind. Daneben gibt es aber auch die emotionale und die soziale Schicht der

Persönlichkeitsbildung. Anfang der 70er Jahre fängt es mit einem großen Gutachten über Lernen und Begabung an, sich zu differenzieren. Das ist heute rückläufig. Der Unterbau des Lernens verschwindet allmählich. Das verändert natürlich den Lernbegriff und den Bildungsbegriff fundamental.

Ich will kurz erläutern, warum ich glaube, dass dieses exemplarische Lernen, das ja Christine Zeuner hervorragend an der Linie unserer Konzeption erörtert hat, warum das doch unter Bedingungen, die ich vorher gekennzeichnet habe, nicht ganz ausreicht. Ich glaube, dass dieses Problem, Sachverhalt und Orientierung, ein sehr schwieriges, also schwer lösbares ist. Es ist eine gewisse Übersichtlichkeit in der unübersichtlichen geistigen Situation notwendig, damit es eine Art Handreichung für die in den Bildungsprozessen Tätigen gibt.

Ich bin äußerst überrascht, dass die erste Konzeption, die ich 1986 oder etwas früher entwickelt habe, sofort aufgegriffen wurde. Warum eigentlich? Ob es fünf Kompetenzen sind oder fünf Schlüsselkompetenzen, oder sieben oder nur vier, wechselt auch. Das ist nicht das Wesentliche, sondern das Wesentliche ist der Zusammenhang, der hergestellt werden kann in solchen Kompetenzen oder Schlüsselqualifikationen. Es müssen heute Menschen – und die Chance ist gar nicht so schlecht – wissen, in welcher Weise wirtschaftliches Handeln ihr Leben mitbestimmt. Wirtschaftliches Handeln, natürlich wissen sie durch die Haushaltsführung, individuelle Haushaltsführung, dass Geld wichtig ist. Aber was bedeutet es, wenn wirtschaftliches Handeln komplett in die Lebensverhältnisse eindringt und Entscheidungen dominiert? Das zu reflektieren ist notwendig in Bildungsprozessen. Es ist eine politische Sache und keine des bloßen Sachwissens. Das heißt, die ökonomische Kompetenz ist für mich das Wissen um die Bedeutung ökonomischer Prozesse und die utopische Dimension dieser Kompetenz ist das Element einer solidarischen Ökonomie. Eine solidarische Ökonomie, die dazu dient, Menschen in Stand zu setzen, auch zu reflektieren, was mit ihnen durch wirtschaftliches Handeln geschieht. In welcher Weise sie auch abhängig werden. Aber auch in welcher Weise sie selbst beteiligt sind an dieser Abhängigkeit, so ganz im kantischen Sinne einer selbstverschuldeten Unmündigkeit. Das heißt, der weite Rahmen dieser Kompetenzen bzw. Schlüsselqualifikationen, die nicht nur methodische Anweisungen und gewissermaßen sektoral bestimmte Bereiche sind, geht auf einen sachlichen Zusammenhang zurück. Das hier so etwas wie eine Groborientierung erfolgt, die den Menschen nicht allein lässt mit dem, was Bildungsprozesse, politische Bildungsprozesse ausmachen.

Ich greife kurz das Problem auf, das Christine Zeuner angedeutet hat mit der Identitätskompetenz im europäischen Zusammenhang. Es ist ja nicht zufällig, dass das heute eine solche Bedeutung hat: was ist eigentlich die europäische Identität? Auch andere Menschen, andere Völker bemühen sich darum, einen Identitätskampf zu bewältigen, der für sie große Bedeutung hat. Was bedeutet europäische Kompetenz und Identität? Was bedeutet „civis romanus sum"?

„Ich bin ein römischer Bürger", war für das römische Weltreich eine Bestimmung, von der jeder wusste, was er für Vorteile hat. Das ist heute nicht mehr der Fall. Ich bin ein Europäer, ich bin eine Europäerin. Was aber sind die Vorteile davon? Vielleicht Freizügigkeit, das ist ein wichtiger Punkt, eine wichtige Norm, gewiss. Aber vielleicht auch vieles nicht. Und was gegenwärtig in den Währungsdebatten erfolgt, die Abkopplung ganzer Volkswirtschaften vom europäischen Zusammenhang, überzeugt die Jugend anderer Völker überhaupt nicht als etwas, was für sie erstrebenswert ist. Europa ist für griechische Jugendliche und spanische Jugendliche eine Art Rat, der ihnen was nimmt, der sie enteignet. Und eine positive Identifikation dieser Jugend mit Europa findet kaum statt. Die Identitätsproblematik erscheint in einer Welt und in einer geistigen Situation, in der die Integrationskräfte mobilisiert werden müssen, um verschiedene ethnische Herkünfte miteinander zu verknüpfen. Ein wesentlicher Teil, der sich darin zeigt, dass wir hier in der Tat eine Dialektik zwischen der Identität, dem Identischen und dem Nicht-identischen haben. Diese Dialektik besteht in der Spannung, was ein Volk aufnehmen kann. Jede Hochkultur ist im Grunde eine Fremdkultur gewesen. Die vorderasiatische Hochkultur der Vorsokratiker besteht eigentlich durch eine ungeheure Mischung von Völkern, die sich dort aufhalten. Das heißt, Hochkulturen haben eine ethnische Breite, die sich auch auswirkt in der Produktivität dieser Hochkulturen. Die Identitätsproblematik zu behandeln, nicht nur auf individueller Ebene, sondern auch auf kollektiver Ebene, ist ein Lernprozess, der für jeden und vor allen Dingen für den Zusammenhalt einer Gesellschaft wichtig ist. Die Frage, was die zusammenhaltenden Kräfte einer Gesellschaft sind, spielt hier eine wichtige Rolle. Helm Stierlin, ein Psychoanalytiker, hat einmal gesagt, es gibt Trennungsfamilien und es gibt Ausgrenzungsfamilien. Das gibt es auch in Bezug auf Gesellschaften. Es gibt Trennungsgesellschaften und Ausgliederungsgesellschaften. Es gibt auch die Widersprüchlichkeit zwischen den Trennungsgesellschaften und den Ausgliederungs- und Integrationsgesellschaften. Nehmen wir das Beispiel, wie Menschen, die am Rande der Gesellschaft stehen, die Verlierer sind, integriert werden. Wir haben den Tatbestand, dass in den Vereinigten Staaten, was ja eigentlich eine Integrationsgesellschaft ist, bestimmte Mechanismen der Ausgliederung unterschwellig eine ungeheure Bedeutung haben. In den Vereinigten Staaten haben wir auf 100.000 der Bevölkerung etwa 600 Strafgefangene. Und in Europa sind es etwa 50. Das heißt also, in gewisser Weise wird die Integration konterkariert durch Ausgliederung. Man nimmt die Menschen nicht wieder zurück in die Gesellschaft. In der europäischen Gesellschaft sind die sozialstaatlichen Bindungen darauf ausgerichtet, Menschen zu reintegrieren, wenn sie aus der Gesellschaft rausfallen. Die sozialstaatlichen Bindungen sind ein wesentliches Resultat der Aufarbeitung von Faschismus und Krieg. Was ist das für ein Menschenbild und welche Veränderungen des Menschenbilds vollziehen sich gegenwärtig?

Das vielleicht am Schluss meiner Rede. Ich glaube, dass sich unterschwellig gravierende Veränderungen in der Vorstellung vollziehen, was der eigentlich ideale zu erziehende und zu bildende Mensch ist. Jede Gesellschaft, jede Epoche hat ein eigenes Idealbild vom Menschen. Wie sollte der Mensch aussehen, auf den hin ich erziehe? Ich kann sagen, dass die Schule, die ich mitgegründet habe, die Glockseeschule in Hannover – im übrigen die einzige staatlich voll bezahlte Alternativschule, die es in Deutschland gibt –, dass hier die Frage, um welchen Menschen es geht, für den man sich die Mühe des Lernens und der Bildung macht, im Vordergrund steht. Hier spielt natürlich ein Bildungsideal eine Rolle, das mit Autonomiefähigkeit und Autonomieversprechen verknüpft ist. Die Utopie dieser Erziehung geht in Richtung auf eine Ausstattung der Menschen, der jungen Menschen, demokratischer Selbstbestimmung, Kommunikationsbereitschaft, Bewegungsfreiheit innerhalb des Schulgeländes, Freiwilligkeit der Beteiligung an Projekten usf. Also in vieler Hinsicht nach demokratischen Strukturen, so dass ich sagen kann, im Großen und Ganzen ist das ein positives Menschenbild, auf das das hinauslaufen soll. Es gelingt nicht immer und Konflikte gibt es ohnehin in solchen Schulprojekten, insbesondere manchmal mit Eltern, die genauso schwierig sind wie die „normalen" Eltern, nur noch zusätzlich anspruchsvoller. Häufig hatte ich den Eindruck, warum hast du dich nur so stark für Elternmitarbeit gemacht? Alexander Neil hat einmal gesagt, am Wochenende sind Elternbesuche erlaubt und das ist immer für ihn die schwierigste Situation. Er feiert es, wenn Montag die Eltern wieder weg sind. Aber so geht es natürlich nicht. Eltern repräsentieren die Gesellschaft in einer Weise, die ja gerade verändert werden soll auf dieser Ebene.

Alle Gesellschaften, alle Perioden haben ihr Selbstbild, ihr ideales Selbstbild. Wenn man einen Bürger der Zeit des Perikles befragen würde, was ist eigentlich der Mensch? Der Mensch, auf den hin erzogen werden soll? Er würde sofort sagen, das ist der Polis-Bürger. Der Polis-Bürger, der sich um das Gemeinwesen kümmert. Und der voll aktiv ist, der mitmacht, wenn etwa 42 Volksversammlungen im Jahr stattfinden. Also jede Woche. Das dokumentiert auch die altgriechische Sprache. Idiotis ist der Ausdruck für den Privatmann. Nicht für den Idioten, also den Verrückten. Idiotis ist für den Privatmann, der sich nicht um das Gemeinwesen kümmert. Das heißt, es gibt eine Definition, wo man sagt, das ist der eigentliche Mensch, das ist der Mensch, den Platon, den Aristoteles sich vorstellt. Das ist der Bürger.

Wenn man einen Menschen der Renaissance befragen würde, hätte er auch eine Vorstellung, die in Richtung auf Leonardo geht, ein Experimentierer, also ein tätiger Mensch. Ein neugieriger Mensch, der so wie Leonardo auch Leichen stiehlt, um sie sezieren zu können, der das Fahrrad erfunden hat und alle dies. Also der interessierte, neugierige Mensch. Und wenn man Humboldt gefragt hätte, „was ist das Ideal des Menschen?", würde er sagen, der durch Wissenschaft klug gewordene Mensch, der handelt durch Wissenschaft. Deshalb hatte Humboldt gesagt, die Philosophische Fakultät ist das Zentrum der Universitätsgründung in Berlin. Nicht die teleologische oder medizinische. Das sind alles Institutionen, die im Grunde zur Selbstreflexion der Gesellschaft überhaupt nichts beitragen. Er würde auch heute nie auf den Gedanken kommen, die betriebswirtschaftliche Fakultät ins Zentrum der Universität zu rücken. Das ist aber heute der Fall. Was haben wir für Bilder vom Menschen heute?

Ich möchte einmal drei charakterisieren: das eine ist die immer stärker werdende, allerdings inzwischen auch etwas in Frage gestellte Vorstellung vom Menschen als Unternehmer. Das ist eine Idee von Joseph Schumpeter, der gesagt hat, Unternehmer ist nicht der, der Kapital hat, sondern Unternehmer ist der, der etwas unternimmt. Und das können auch Leute sein, die nichts besitzen. Aber sie müssen gewissermaßen eine Tätigkeit ausüben, einen ökonomischen Tätigkeitsdrang haben. Und moralisch bereit sein zu zerstören, um aufzubauen. Dieses Element, dieses charakteristische Element der Zerstörung bleibt diesen Menschentypen haften. Es geht nicht darum, dass er so etwas ausdrückt wie eine Humanisierung der eigenen Welt und der äußeren Welt, sondern dass er tätig ist im Sinne eben des Neuartigen, wie Schumpeter sagt, der Kombinationen. Die Kombinatorik ist eigentlich das entscheidende Medium dieses Menschen. Das heißt, der unternehmerische Mensch. Daher kommt auch diese Idiotie von irgendwelchen Unternehmungen, die mit den Ich-AGs zu tun hat. Wie kommt man auf den Gedanken von Ich-AGs? Das ist jemand, der Schumpeter gelesen und sich das ausgedacht hat. Das heißt, dieses unternehmerische Weltbild, das passt natürlich in die neoliberale Welt. Doch wie gesagt, das ist inzwischen abgegrabbelt und in Frage gestellt. Das widerspricht allerdings einem anderen Menschenbild, das in derselben Runde auftritt. Nämlich der allseitig verfügbare Mensch. Der allseitig verfügbare Mensch, der gefährlicher ist als der Unternehmerische, weil: Niemand wird, wenn er kein Kapital hat, sich auf Augenhöhe mit Josef Ackermann fühlen. Das heißt, die Durchsichtigkeit dieser Selbstaufwertung des Menschen ist so, dass man nicht davon sprechen kann, dass das eine wirklich haltbare Ideologie ist. Aber die Selbstausbeutung und die allseitige Abhängigkeit, das ist etwas, was gegenwärtig in der Gesellschaft eine große Bedeutung hat. Und zwar wegen der Selbstbeteiligung der Subjekte an diesen Prozessen. Selbstbeteiligung heißt, ein Stück von dieser Leistungsmoral steckt in jedem und diese Leistungsmoral bezeichnet auch den Prozess einer äußersten Selbstausbeutung. Selbstausbeutung des Menschen.

Gegenwärtig lebt das System stark von diesen Kräften der Selbstausbeutung. Nicht der ständigen Abrufbarkeit. Hat jemand kein Internet hier in der Runde? Zwei. Ja, die Selbstausbeutung spielt eine große Rolle. Das heißt, dieses Menschenbild beruht darauf, dass wir verfügbar sind. Und die dritte Vorstellung des Menschenbildes geht auf Traditionen zurück, bezieht auch Utopien mit ein: nämlich der Autonome, der Mensch, der in diesem Zusammenhang, also von Würde, sich bildet ganz nach dem Bekenntnis von Kant. Das hat eine sehr große Bedeutung in seiner kleinen Aufklärungsschrift. Aufklärung ist der Ausgang, sagt er. Ausgang aus der selbstverschuldeten Unmündigkeit, natürlich auch fremdverschuldet, aber selbstverschuldeten Unmündigkeit. Habe Mut, dich deines Verstandes ohne Anleitung eines anderen zu bedienen. Das sind Forderungen der Aufklärung. Ich glaube, dieses Menschenbild liegt allen Erziehungs- und Bildungsprozessen zugrunde, die auf der Autonomisierung des Menschen beruhen, auf den innengeleiteten Menschen. Der außengeleitete Mensch ist in dem Sinne der leistungsbewusste Mitläufer. Der leistungsbewusste Mitläufer ist einer, den autoritäre Systeme fördern. Wir haben es allerdings mit demokratischen Anforderungen zu tun, ich sage nicht mit demokratischen Strukturen. In dem Sinne ist Demokratie für mich die einzige staatlich verfasste Gesellschaftsordnung, die gelernt werden muss. Ob man dieses Lernen nun begreift als etwas, was den Menschen fremd ist oder nicht. Demokratie ist auf Dauer nur haltbar, wenn ein demokratisches Gemeinwesen entsteht, in dem Lernprozesse auf der Ebene kollektiver Lernprozesse, wie ich das an zwei Beispielen gezeigt habe, und individueller Lernprozesse nicht abgebrochen werden. Diese Lernprozesse haben etwas damit zu tun, dass eigentlich Demokratien darin bestehen, dass die Menschen so ihre eigene Würde bewahren und auch um die Würde und Anerkennung ihrer Persönlichkeit kämpfen. Würde, wie Kant einmal sehr schön sagt, hat keinen Preis.

Vielen Dank für die Aufmerksamkeit.

Die Autorinnen und Autoren

Adolf Brock, Dr. h.c.
Bis 1997 Hochschuldozent an der Akademie für Arbeit und Politik an der Universität Bremen; seit Anfang der 1960er Jahre in der Erwachsenen- und Arbeiterbildung tätig. Mit- und Weiterentwicklung der Konzeption „Soziologische Phantasie und exemplarisches Lernen" in Theorie und Praxis.

Guido Brombach
arbeitet in Hattingen beim DGB Bildungswerk im Bereich der politischen Bildung. Thematische Schwerpunkte sind Technologie und Gesellschaft und die Harmonisierung der analogen mit der digitalen Welt.

Dietrich Burggraf
Diplom-Pädagoge, Leiter des Bildungszentrums HVHS Hustedt seit 2009, Lehrauftrag an der Leibniz-Universität Hannover, ehrenamtlicher Vorsitzender der Bundesakademie für kulturelle Bildung Wolfenbüttel, Arbeitsschwerpunkte: Bildungsmanagement und Organisationsentwicklung, Politische Bildung und Kulturarbeit

Wolf Gunter Brügmann
Journalist und Publizist, ehemals Frankfurter Rundschau, Themenschwerpunkte: Gewerkschaften, Arbeitsgesellschaft, Soziale Bewegungen

Johann Dvorak, Univ.-Doz. Dr.
Institut für Politikwissenschaft der Universität Wien, Lehraufträge an den Universitäten Wien, Graz und Linz in den Fachbereichen Politik- und Erziehungswissenschaft. Forschungsschwerpunkte: Entstehung und Entwicklung des modernen Staates, der Politik und der Kultur der Moderne, Politische Bildung, Geschichte und gesellschaftliche Funktion von Wissenschaft

Elke Gruber, Univ.-Prof. Mag. Dr.
Professorin für Erwachsenen- und Berufsbildung an der Alpen-Adria-Universität Klagenfurt; derzeit Instituts-vorständin. Lehrt und forscht in den Bereichen Erwachsenenbildung/Weiterbildung, Berufspädagogik, Lebenslanges Lernen, internationale Bildungsentwicklungen, Bildungsgeschichte

Daniela Holzer, Ass.-Prof. Dr.
Institut für Erziehungs- und Bildungswissenschaft der Universität Graz, Fachbereich Weiterbildung. Derzeitige Forschungsschwerpunkte im Bereich der Kritischen Bildungstheorie und Widerstand gegen Weiterbildung

Harald Kolbe
Werkzeugmacher, von 1990 bis 2009 hauptamtlich in der Bildungsarbeit der IG Metall tätig, seit 2009 stellvertretender Leiter des Bildungszentrums HVHS Hustedt, Themengebiete Wirtschaft und Geschichte

Bettina Lösch, Dr.
Privatdozentin und akademische Rätin am Lehr- und Forschungsbereich Politikwissenschaft des Instituts für vergleichende Bildungsforschung und Sozialwissenschaften der Humanwissenschaftlichen Fakultät der Universität Köln. Arbeitsschwerpunkte: Demokratietheorie und -bildung, Globale Transformationsprozesse, Politische Bildung und Strukturen sozialer Ungleichheit

Oskar Negt, Prof. em.
Bis 2002 Professor für Soziologie an der Leibniz Universität Hannover. Zahlreiche Veröffentlichungen zu soziologischen und philosophischen Themen sowie bildungstheoretische Arbeiten. Negt entwickelt gemeinsam mit Theoretikern und Praktikern der Arbeiterbildung und gewerkschaftlichen Bildungsarbeit das Konzept „Soziologische Phantasie und exemplarisches Lernen". Die Schrift wurde erstmals 1968 veröffentlicht und Negt engagierte sich für die praktische Umsetzung des Konzeptes in der gewerkschaftlichen Bildungsarbeit. Als

Weiterentwicklung stellte er 1986 in Linz erstmals das Modell der „Gesellschaftlichen Kompetenzen" vor.

Katja Petersen, Dr.
Mitarbeiterin im Bereich Erwachsenenbildung an der Helmut Schmidt Universität Hamburg. Arbeits- und Forschungsschwerpunkte: Geschichte der Erwachsenenbildung, Biographieforschung, Qualitative Bildungsforschung

Christine Zeuner, Prof. Dr.
Professorin für Erwachsenenbildung an der Helmut Schmidt Universität Hamburg. Arbeits- und Forschungsschwerpunkte: Politische Bildung, Zielgruppen und Institutionen der Erwachsenenbildung, internationale Erwachsenenbildung